Por qué tomarse la empresa con filosofía

Por qué tomarse la empresa con filosofía

Fátima Álvarez

Plataforma
Editorial

Primera edición en esta colección: abril de 2024

© Fátima Álvarez, 2024
© de la presente edición: Plataforma Editorial, 2024

Plataforma Editorial
c/ Muntaner, 269, entlo. 1.ª – 08021 Barcelona
Tel.: (+34) 93 494 79 99
www.plataformaeditorial.com
info@plataformaeditorial.com

Depósito legal: B 4374-2024
ISBN: 978-84-10079-77-9
IBIC: KJ

Printed in Spain – Impreso en España

Diseño de cubierta:
Pablo Nanclares

Realización de cubierta y fotocomposición:
Grafime

El papel que se ha utilizado para imprimir este libro proviene
de explotaciones forestales controladas, donde se respetan
los valores ecológicos, sociales y el desarrollo sostenible del bosque.

Impresión:
Sagrafic

Índice

Introducción

¿Por qué? Es una pregunta presente en el pensamiento de todos los niños y en el interior de cada adulto: «¿Por qué (me) ha sucedido esto?», «¿Por qué tengo que hacer lo otro?», «¿Por qué lo consigo?» o «¿Por qué se me resiste?», «¿Por qué al otro?» y «¿Por qué no a mí?», o «¿Por qué si…?». Somos la única especie que se hace preguntas. Inevitablemente, intentamos encontrar un sentido.

Cuando las situaciones nos sofocan, echamos mano de la expresión popular «Tómate la vida con filosofía». Pero ¿qué es la vida? ¿Y qué hace en ella la filosofía? Decía Ortega y Gasset (1883 - 1955) que la vida es quehacer; es decir, sencillamente, hacer cosas. En este quehacer no todo depende de nosotros, como es evidente. Partimos ya de dónde nacemos, en qué contexto histórico, en qué familia, en qué situación… Siempre nos encontramos en una circunstancia concreta. Además, en el camino del vivir, a veces el azar nos trastoca. Pero también hay una parte de elección, y ahí, como el mismo Ortega y Gasset nos recuerda, estriba la dificultad del acierto.

Llegamos a este mundo sin haberlo pedido. No nacemos, nos nacen. Desde que estamos aquí, comenzamos a aprender y a construirnos. Cuando elegimos, incluso cuando decidimos no hacerlo o cuando delegamos en otros las elecciones, estamos forjando nuestro carácter. En ese quehacer nos vamos haciendo, nos vamos convirtiendo en quienes somos. Por eso, Sócrates (470 a. C.-399 a. C.) nos legó aquello de que una vida sin examen no merece ser vivida, porque, si hay que equivocarse, que sea por cabeza propia, siendo fieles a nosotros mismos.

El uso común de la expresión «tomarse la vida con filosofía» es una invitación a relativizar éxitos y fracasos, a mirar con perspectiva, a vislumbrar que en el largo plazo que es el tiempo humano puede que lo que ocurre no sea ni tan grave ni tan significativo. Que lo que hoy nos pre-ocupa quizás no debería hacerlo. Por eso, para tomar esa medida larga para enjuiciar y organizar la vida, entra en juego la relevancia de la filosofía.

No obstante, aquí nos planteamos por qué tomarse la empresa con filosofía. No la vida. ¿Acaso, si hablamos de la empresa, nos salimos de la vida? ¿Acaso las empresas no forjan también su propio carácter, su forma de ser, su manera de tomar decisiones? ¿Acaso no es la empresa una realidad humana, un quehacer entre personas? ¿Pueden sus acciones, entonces, librarse de la búsqueda de sentido?

Tomarse la empresa con filosofía es aportar una mirada filosófica sobre la empresa y presentar cómo estos tiempos, que corren tan aceleradamente, pueden nutrirse y crear puentes con esta disciplina. Esta es, al fin y al cabo, la intención del camino que recorreremos en las siguientes páginas.

El papel de la filosofía es aportar un compendio de herramientas necesarias para aprender a pensar por nosotros mismos e intentar comprender lo que sucede en nuestro contexto y lo que nos preocupa. Es ayudar a hacer buenas preguntas, plantear correctamente los problemas y dar argumentos a las decisiones que hay que tomar. Es avanzar en la búsqueda de sentido, porque pasamos demasiado tiempo en nuestros trabajos para que no tengan sentido, porque las empresas son un motor social imprescindible y no pueden quedar exentas del esfuerzo de dotarse de significado.

Tenemos que estar con un pie dentro y otro fuera de nuestra época. No se trata de que vivamos en la nostalgia de que cualquier tiempo pasado fue mejor. Estamos inmersos en el tiempo que nos ha tocado vivir, pero, a la vez, tenemos que saber distanciarnos de él para entenderlo. Ahí la filosofía nos enriquece, porque, mientras recorre las distintas temáticas yendo a la raíz de los problemas, también asciende para ayudarnos a tener una visión panorámica de nuestro escenario. Nos ayuda a ver que no todo es blanco o negro, sino que nos movemos en los claroscuros, entre las luces y las sombras.

No hay fórmulas ni recetas. Estamos a la intemperie, en la complejidad de la incertidumbre. Sin embargo, no es un drama, sino una aventura. Es un viaje que precisa agudizar los oídos y mantener los ojos bien abiertos para avanzar con firmeza y prudencia. Aristóteles (384 a. C.- 322 a. C.) comenta que la prudencia es una virtud fundamental como capacidad de deliberar bien. Prudente es, pues, quien ante las encrucijadas reconoce lo que es bueno y conveniente para sí mismo y para los demás, para acertar.

Habrá pensadores que nos acompañarán a lo largo de las siguientes páginas, que nos hablarán de tú a tú y nos ayudarán a entender que muchas de las preguntas que nos hacemos ahora no son tan distintas de las que se hacían en el pasado, aunque nuestro contexto sea muy diferente, motivo por el cual debemos buscar nuestras propias respuestas y añadir nuevas preguntas.

¿Es este un libro de filosofía de la «empresa»? ¿O de filosofía del buen «liderazgo»?

Es un libro sobre la empresa y el conjunto de personas que la conforman.

Es un libro con una intención práctica. Toma algunos de los temas relevantes en el mundo laboral para ayudarte en el proceso de percibir, sentir y pensar sobre ellos para luego poder actuar, y tiene en cuenta cómo la filosofía puede nutrir a la empresa y cuánto la empresa puede aportar a la sociedad. ¡Piensa bien y acertarás!

El núcleo del libro son cuatro bloques temáticos que se entretejen:

- **¿Para qué?** Para qué hacemos lo que hacemos y qué legado dejamos.
- **¿Por qué?** La necesidad del pensamiento crítico para deliberar con fundamento.
- **¿Cómo?** La respuesta ética a los desafíos de la actualidad.

- **¿A quién?** La búsqueda de puntos de encuentro a partir de lo importante.

Y cierra con un corolario:

- **¿Hacia dónde?** Para mirar hacia un horizonte colmado de sentido.

Así que ¿por qué tomarse la empresa con filosofía? Pues porque tomarse la empresa con filosofía no es ceder a la resignación, sino una invitación a mirar con perspectiva, a reflexionar ahí donde la ciencia y la tecnología son insuficientes, a encontrar el rumbo en un entorno cada vez más fugaz.

¿Te parece una tarea, una empresa, interesante para la empresa?

1. ¿Para qué hacemos lo que hacemos?

> La actividad más honorable es servir al público y
> ser útil para la mayor cantidad de personas posible.
>
> MICHEL DE MONTAIGNE

Algunas de las personas que se cruzan en nuestra vida simplemente vienen y se van. Otras vienen y, aunque también se van, en el fondo se quedan con nosotros porque nos dejan huella. Nos dejan un trocito de sí mismas, que con gusto incorporamos a quienes somos. No hace falta que te dé ejemplos, porque seguro que tienes los tuyos propios. Piensa en quién ha dejado su impronta en ti, qué retazos de otros llevas contigo. ¿Qué te han transmitido esas personas? ¿Por qué son inolvidables?

A veces ese legado no es una cesión personal para nosotros, sino algo público, e incluso tangible. Nos resulta estimulante descubrir la aportación, con sus obras, de poetas, escritores, pintores, artistas, científicos… Nos parece justo apreciar el legado de algunas personas que se han convertido en referentes históricos, tanto por la ejemplaridad de sus vidas como por la repercusión de sus acciones.

Atesoramos el legado que nos han transmitido esos personajes públicos y esas personas especiales de nuestro círculo cercano. Y nosotros, ¿qué hacemos? ¿Qué le ofrecemos al mundo? ¿Tenemos voluntad de legar? ¿Qué hacemos más allá de nosotros mismos? ¿Qué hacemos para los demás?

Te invito a pensar en los «indianos», aquellos jóvenes españoles que emigraron a América a finales del siglo xix y principios del xx, que consiguieron hacer fortuna y a menudo invirtieron su éxito en su pueblo de origen, donde construyeron escuelas, hospitales, carreteras, etcétera. ¿Para qué lo hacían? ¿Aspiraban al prestigio social al formar parte de la memoria de su localidad? ¿Deseaban contribuir al desarrollo de sus pueblos? ¿Qué fines perseguían?

Cuando llevamos a cabo acciones en la empresa, debemos hacernos la pregunta de «para qué». ¿Para qué hacemos lo que hacemos? Siguiendo al psicólogo Lawrence Kohlberg, las variadas respuestas que cabrían aquí indicarían diferentes niveles de desarrollo moral.

Pongamos el caso de un indiano que regresa a su pueblo de origen y construye una escuela de gran calidad para asegurarse de que puedan asistir a ella sus propios hijos. Aunque los otros niños salgan beneficiados, la escuela responde al beneficio propio. También puede ser que nuestro indiano no tenga hijos y, a pesar de ello, construya la escuela para ser socialmente reconocido. Pero también cabría el caso de que nuestro indiano construyera la escuela por el valor que representa una educación de calidad para todos los niños. En las tres situaciones, la escuela está ahí, pero las diferentes opciones suponen un distinto grado de desarrollo moral del indiano del ejemplo. La tercera de ellas está reflejada en el verso de Antonio Machado cuando nos dice: «Nunca perseguí la gloria, ni dejar en la memoria de los hombres mi canción». Lo que el poeta persigue con la entrega de esta canción al mundo es un fin cuyo sentido va más allá de sí mismo.

Pero ¿qué más da? ¿Da lo mismo?

¿Dirías que lo que debemos hacer depende mucho de la clase de mundo en el que nos gustaría vivir? ¿Desearíamos vivir en un mundo donde hubiese una educación de calidad? Seguramente la respuesta mayoritaria de todos nosotros sería afirmativa. Pues, entonces, qué más da; da lo mismo el «para qué» del indiano si lo importante es que en todo caso hay una escuela de calidad.

Pero vamos a seguir pensando. ¿Hasta qué punto el fin que perseguimos determina los medios que utilizamos? Si vas a hacer un viaje a un sitio al que solo se puede acceder por vía aérea, está claro que solo hay una forma posible de llegar. Si se puede acceder de más maneras, cabrían más medios —en este caso, medios de transporte— para llegar a ese mismo sitio. En estos ejemplos los medios dependen del fin.

También puede ocurrir lo contrario. No podemos pintar un cuadro al óleo si no tenemos los medios —en este caso, medios materiales—, pero sí que podemos hacer un dibujo a carboncillo, que es de lo que disponemos. O pintar una acuarela porque nos han regalado una caja de acuarelas. En este caso, el fin depende de los medios que tenemos.

Medios y fines son, pues, interdependientes. Además, cada fin que elegimos tiende a convertirse en un medio para otro fin, y así sucesivamente. Si le preguntamos a un consultor por qué ha trabajado todo el fin de semana, puede contestarnos que para terminar un proyecto, y quiere terminar el proyecto para captar a un cliente, y quiere captar a un cliente para progresar en su trabajo, y quiere progresar en su trabajo para... Así pues, desea todos estos bienes —en este caso, estos medios como acciones que ha llevado a cabo— en la medida en que le permiten avanzar en un continuo entre medios y fines.

«Qué más da» da lo mismo si en el ejemplo del indiano la materialización del fin era una escuela; tenía los medios para hacerla y la hizo. Incluso los distintos fines contemplados —el beneficio de esa escuela en sus propios hijos, su reconocimiento social y apostar por el valor de la educación para todos los niños— podrían ser compatibles. ¿Entonces?

Ya hemos mencionado al psicólogo estadounidense Lawrence Kohlberg, el cual hizo estudios que le llevaron a afirmar que desarrollamos nuestra conciencia moral a través de varias etapas, aunque no todos alcanzamos la última. En el primer escalón de ese ascenso moral, tenemos por justo lo que nos conviene egoístamente, y respetamos las normas morales tan solo por sus consecuencias, es decir, por el premio que nos supone acatarlas o por el castigo que implica infringirlas. Es el nivel llamado «preconvencional».

Si avanzamos en nuestro desarrollo moral, llegaríamos al nivel «convencional», en el que tenemos por justo lo que es conforme a las normas y usos de la sociedad, y por eso consideramos valioso adaptarnos a lo que la sociedad considera bueno, ya que necesitamos ser aceptados.

El escalón más alto del desarrollo moral es el llamado nivel «posconvencional», en el que las personas son moralmente autónomas. Esto significa que ni se ciegan con el beneficio propio ni se ajustan a los convencionalismos para que los demás las consideren buenas personas, sino que se mueven por principios, por lo que es bueno para todos.

Como ya intuyes, cada uno de los fines del indiano de nuestro ejemplo (construir una escuela para beneficio de sus hijos, construirla para conseguir prestigio social o construirla por el bien de una educación de calidad para todos los niños) se corresponde con uno de los escalones de desarrollo moral mencionados. Aunque la escuela sea la misma, el escalón es otro. Ya ves que hay una diferencia: ¡la altura moral!

Por su parte, las empresas perciben que la sociedad tiene expectativas de que cumplan obligaciones sociales más allá de sus funciones económicas. De hecho, poco a poco, se están embarcando en hacer declaraciones de propósito, en definir el valor de su impacto positivo en la sociedad. Debemos saber también que, al hablar de la autenticidad de estos propósitos, deberíamos considerar el desarrollo moral de los miembros de la empresa como parte necesaria del desarrollo organizativo.

Dotar nuestras acciones de un sentido más allá de nosotros mismos —como Machado cuando no persigue la gloria al escribir «Caminante no hay camino»— permite ilusionar a otros con ese mismo propósito, hacerlos copartícipes, miembros de una comunidad que trabaja por un bien común, por ese mundo en el que nos gustaría vivir. De ahí la relevancia de considerar en nuestro ejemplo del indiano la educación de calidad como fin para todos los niños, porque ahí el individuo se mueve a actuar no solo por lo que le beneficia a él, sino también por lo que beneficia a los demás, y muestra la autonomía moral necesaria para guiarse por principios, derechos y valores universales.

Este nivel de conciencia moral posconvencional es el que reivindican nuestras sociedades plurales, y es el que correspondería tanto al propósito personal como al corporativo. Para que las personas sean seres humanos con conciencia y las empresas sean empresas humanas.

¿Qué fue de Maquiavelo?

Quizás pensemos que queda muy bonito decir que las empresas tienen obligaciones sociales y que sus líderes deben tener un nivel de conciencia moral tal que les permita dirigirse a un bien común. Que sobre el papel todo encaja, pero, en la lucha por la supervivencia, la cruda realidad es otra. Que, igual que no es buen médico aquel que no vela por la salud de los enfermos, ni buen arquitecto aquel cuyas casas se derrumban, tampoco es buen empresario el que no genera riqueza. Que ese es el fin, y ya bastante ardua la tarea. ¡Que nos dejemos de cuentos, porque lo que importa son las cuentas!

Incluso entonces, puede aparecer el mantra de que «el fin justifica los medios». Una frase que te evocará a Maquiavelo, aunque él nunca la dijo textualmente, pero que de algún modo se puede sacar de su obra. ¡Y tanto que se saca, de manera descontextualizada!

Es fácil caer en la tentación de convertir la obra *El príncipe* de Maquiavelo, parangón del realismo político, en referente del realismo empresarial. El príncipe es una figura atractiva que aglutina la mayor cantidad de poder posible, obsesionada por los resultados, que ofrece seguridad a cambio de obediencia, que juega con los malabares de la astucia y la fuerza y prefiere que sus gentes la teman a que la quieran, porque el miedo guarda viña. Y que, si la situación se tuerce, retira la mano con la que da y saca la mano con la que derriba. Tal cual un líder autocrático.

Es cierto que en Maquiavelo encontramos todas las ideas «maquiavélicas». Ahora bien, es injusto reducir su obra a unos cuantos tópicos descontextualizados. Es reduccionista interpretarla como meramente prescriptiva, trasladarla a un manual de instrucciones de lo que un líder debe hacer, y no contemplarla, en cambio, como una descripción de cómo son las cosas y una crítica llamada a cómo deberían ser.

Supongamos por un momento que quiero acabar con las cucarachas de la despensa, y para ello pongo polvo matacucarachas en toda la comida, porque el fin justifica los medios. Diríamos que estamos matando moscas a cañonazos. Bueno, en este caso, cucarachas. Supongamos ahora que la industria automovilística es la columna vertebral de la economía de un país. ¿Deberíamos estar dispuestos a soportar de un modo indiscriminado las emisiones contaminantes de los óxidos de nitrógeno? ¿El fin justifica los medios?

Entonces, ¿no es lícito que un empresario genere riqueza? Es tan lícito que, si no la genera, deja de ser empresario o, en todo caso, deja de ser un buen empresario. ¿Se le pide acaso que sea una ONG? No, se le pide que comprenda que entre el egoísmo y el altruismo caben las acciones de una empresa ética. Que los medios pueden justificar los fines por ser eficaces y eficientes para alcanzarlos, pero que cualquier conducta sin escrúpulos no está justificada, por importante que consideremos el fin. Porque, a fin de cuentas, el fin importa. ¿Quién se lo pide? Se lo pide la sociedad.

¿Acaso tiene la sociedad potestad para decirle lo que está bien y lo que está mal cuando es el empresario el que arriesga su capital? Además, ¿quién es la sociedad? Un cúmulo de personas, cada una con su moral, como el empresario, que también tiene la suya, y como cada uno de sus empleados, que también tienen la propia. ¿Cómo conciliar todo eso?

Recordemos que una de las dimensiones de la ética es como moral pensada sobre la moral vivida. ¿Qué quiere decir esto? Pues que la ética reflexiona sobre por qué consideramos ciertos comportamientos y normas válidos. En nuestras sociedades pluralistas, con diversas cosmovisiones religiosas, filosóficas, políticas y culturales, surge la imperiosa necesidad de una ética con un mínimo compartido que posibilite la convivencia. Esa ética de mínimos compartidos, sobre la que volveremos más adelante en este libro, recoge aquellos principios en los que existe un amplio acuerdo social y cuyo cumplimiento es exigible a toda la población, parte de los cuales están recogidos en la Declaración Universal de los Derechos Humanos. Es una ética cívica porque la comparten los ciudadanos de una sociedad, al menos en la cultura occidental.

¿Qué pasaría si no existiesen unos valores y unas exigencias comunes, una ética de mínimos? Sería imposible llegar a acuerdos. Nos dice la filósofa Adela Cortina (1947) que la ética cívica precisa de la ética empresarial, y viceversa. No es que la sociedad les exija a las empresas sin más. Es que las empresas son parte de la sociedad. Por un lado, cada empresa ha de impregnarse de esos valores comunes y modularlos en su actividad concreta, y, por otro, necesitamos a las empresas como generadoras de riqueza y revitalizadoras de la sociedad.

Por eso, hay que evitar el reduccionismo y ampliar la mirada. Hay que saber que la interpretación de un Maquiavelo «maquiavélico» ha predominado durante mucho tiempo y ha ocultado al autor que alienta que nos hagamos cargo de las innovaciones de la modernidad y que se enfrenta a la posibilidad de reformar los comportamientos en busca de un bien común.

Por un lado, en *El príncipe* la virtud del gobernante no implica ser honrado —tal como había considerado la filosofía clásica—, sino lograr su objetivo: alcanzar el poder y acrecentarlo, aunque para ello tenga que actuar en contra de la moral. El príncipe debe tener un poder fuerte que garantice que los ciudadanos tengan una vida provechosa y no se produzcan revueltas. Por otro lado, en su obra *Discursos sobre la primera década de Tito Livio*, Maquiavelo defiende que, si bien un gobierno autoritario es útil para constituir un Estado fuerte, no es adecuado a largo plazo. Se necesita el acicate de la participación ciudadana para evitar que el gobernante se deje llevar por sus intereses personales en lugar de buscar el interés general que beneficia a todos.

Si algo hace sobre todo notable a Maquiavelo es que nos sitúa ante un espejo que nos cuesta mirar: ante nuestros actos y su (des)vinculación de los principios morales que los justifican. Las dos obras de Maquiavelo mantienen una relación intrigante, como también lo es el momento de tránsito que ahora vivimos, y su reflejo en la empresa: entre las formas de hacer que ya no tienen lugar y la definición de nuevas formas de hacer. ¡Nada fácil! ¡Hace falta pensar!

No hay bien que por mal no venga

¿Cuántas decisiones tomas al cabo de un día? ¿Cuántas son de envergadura?

Cada día tomamos un sinfín de decisiones, algunas sin pensarlas demasiado y otras después de haberles dado muchas vueltas. Estas últimas son las que nos quitan el sueño, nos asaltan por la noche cuando la almohada deja de ser afable y se convierte en la voz implacable de nuestra conciencia.

«¿Debo despedir a Teresa porque me lo pide mi jefe si considero que hace un buen trabajo? Pero ¿qué haré como mando intermedio? He dado la cara por ella, pero está claro que desde arriba la decisión ya está tomada. O sale ella o igual al final a quien sacan es a mí. La calle está muy fría».

«Todos los días lo veo. ¡Si las familias supieran cómo se trata a los ancianos! La humanidad brilla por su ausencia. ¿Soy cómplice? Lo que soy es una madre con tres hijos que tienen la mala costumbre de comer a diario. ¿Quién tira la primera piedra?».

«Trepas siempre los hubo, pero hay quienes se llevan la palma. No todo vale, no. No todo vale. Pero ¿y si saliese a la luz?».

Todas estas situaciones «quitasueños» nos colocan en una encrucijada ética. Despiertan a nuestro Pepito Grillo, la voz de nuestra conciencia. ¿Qué debemos hacer? ¿Buscamos argumentos con fundamento para decidir sobre lo correcto o solo intentamos excusarnos?

Por suerte, el trabajo no suele ser un campo de minas, ni una lucha a pecho descubierto, ni un desafío a portagayola. Afortunadamente, la mayor parte del tiempo es una cotidianidad, con lo bueno y lo malo que la rutina conlleva. A distinto paso hasta alcanzar una zona de confort y, una vez en ella, a veces deseando quedarse y otras espoloneando para salir.

Si me pregunto: «¿Qué debo hacer?», la respuesta es una

acción. Si me pregunto: «¿Por qué debo hacerlo?», la respuesta es un argumento. Podemos llegar a comprender a la empleada de un geriátrico —hablo de «empleada», en femenino, porque el cuidado y la atención a las personas que necesitan a otras personas para valerse por sí mismas aún está mayoritariamente a cargo de mujeres— que participa en malas prácticas a los ancianos, pero que se autoimpone el silencio por tener tres hijos a su cargo. La psicología podría explicar su comportamiento, e incluso podríamos llegar a comprenderla. Pero la ética no trata de cómo son las cosas, sino de cómo deberían ser. La ética se plantearía si la conducta de esta empleada es moralmente justificable.

Cuando actuamos, tenemos que poder dar cuenta de nuestras acciones ante los demás e, inevitablemente, ante nosotros mismos. Siempre habrá situaciones «quitasueños», momentos «quitasueños», cargos y lugares «quitasueños». A veces, sin quitamiedos que nos salven de despeñarnos. Siempre habrá interrogantes éticos que nos demandarán una respuesta razonada y sentida internamente como válida. Solo así podremos serenar nuestra conciencia. Solo así podremos dormir tranquilos.

Esa conciencia puede ser más o menos exigente según nuestro grado de desarrollo moral, tal como hemos visto: según nos mueva el egoísmo, el conformismo o seamos capaces de pensar en términos de un bien común. Nos resentiremos más o menos según choque con nuestras necesidades y urgencias concretas, con nuestros casos particulares, con lo costoso que a veces resulta encajar nuestras experiencias. Somos falibles. Perfectamente imperfectos. De hecho, porque somos falibles somos humanos. El error, la duda, la controversia, el engaño, todo eso forma parte de nuestra humanidad. Deberíamos incorporar también en nuestro carácter la pregunta, el cuestionamiento.

El problema del bien común es que, por un lado, no siempre es tan común, porque puede construirse en falso desde el pensamiento único: si todos piensan lo mismo, es que muchos no piensan. Recordemos que por ello Maquiavelo consideraba la importancia de la participación ciudadana para llegar a ese bien común desde los intereses particulares. Pero, por otro lado, hay que tener en cuenta que hay perdedores de ese bien. Tal como ocurre, por ejemplo, en una expropiación para una carretera, en la que el propietario se desprende involuntariamente de su propiedad en aras del bien general. Por eso, el bien común tiene que ser fruto de una discusión en la que hay que preservar el disenso y donde debe haber proporcionalidad de los daños que hacemos a las minorías en nombre de ese bien común.

Así pues, tenemos intereses particulares, el interés general y actividades e instituciones. ¿Tendría sentido la docencia si no pretendiese el aprendizaje del alumnado? ¿Y la actividad médica si no pretendiese prevenir y recuperar la salud o, en todo caso, paliar el sufrimiento? ¿Qué sentido tendría la judicatura si no tuviese el objetivo de administrar justicia de modo imparcial? Toda actividad ha de tener una razón de ser vinculada a su propia existencia, puesto que son las metas y los fines aquello que le da sentido y la legitima socialmente.

Ese es el bien interno de cada actividad social. Si no lo hace bien, toda la sociedad se ve perjudicada.

¿Te has parado a pensar alguna vez cuál es el bien interno, aquello que da sentido, que legitima la actividad empresarial?

Nos dice la filósofa Adela Cortina que el bien interno de la actividad empresarial es satisfacer necesidades humanas —proporcionar a la sociedad unos bienes y unos servicios— con calidad y justicia. La empresa lleva a cabo esta actividad a través de la puesta en marcha de un capital, del que es parte esencial el valor humano, a cuyo desarrollo ha de atender. «Pues claro —podemos decir—, de eso se trata». Lo sabíamos desde el principio y no hacía falta tanto rodeo.

Este bien interno nos sitúa ante el hecho de que una empresa puede ser perfectamente legal y no tener legitimidad moral. Te pongo un ejemplo: la ley determina que una empresa con más de cincuenta trabajadores ha de cumplir con una cuota del dos por ciento de empleados con discapacidad. Pongamos que una empresa, ajustándose a esta cuota, ha contratado a una persona con discapacidad intelectual. Una vez contratada y obtenidos los incentivos económicos que ello conlleva, la empresa se desentiende de la inclusión de esa persona. No hay seguimiento, no hay un plan de desarrollo para ese talento que tiene que dejar de ser invisible. Esa empresa, ¿es legal? Por supuesto, está de acuerdo con la ley. ¿Es moralmente legítima su conducta? No, porque con esa persona con discapacidad intelectual, que es parte del capital humano de la empresa, actúa en contra de los valores y los derechos humanos. Por tanto, esa empresa no atiende al bien interno, que es su razón de ser.

Pero, además del bien interno de cada actividad, hallamos lo que en la ética de las profesiones se conoce como «bienes externos», es decir, las recompensas que se obtienen al realizar el bien interno: los beneficios, el prestigio social (la reputación), el poder económico, etcétera, todos ellos determinantes para la supervivencia y el crecimiento de la empresa. Tan necesarios como el aire para respirar.

¿Dónde está la clave? En que los bienes externos son necesarios para la supervivencia, pero la meta última es el bien interno. Igual que para vivir necesitamos respirar, pero el fin de la vida no es la respiración. Cuando los bienes externos (dinero, poder, prestigio…) reemplazan al bien interno, ya sabemos todos de qué hablamos: de inmoralidad. Cuando se antepone el bien interno a los externos, entonces estamos ante empresas éticas que, como parte importante de la sociedad, contribuyen a crear un mundo mejor, a obtener un bien común. Un mundo mejor para todos. También para las propias empresas.

¿Cuántas situaciones como las descritas te vienen ahora a la mente?

El efecto *boomerang*

El peligro de pararte a pensar es darte cuenta de que tu vida no tiene sentido. Recuerda cuando una enfermedad te ha detenido, un despido, una pandemia… La quietud inquieta, sobre todo la quietud sobrevenida. Esa que de imprevisto te pausa y te fuerza a descubrir qué es lo que te sostiene.

Decía el psiquiatra austríaco Viktor Frankl (1905-1997), autor del libro *El hombre en busca de sentido*, que lo que distingue a los seres humanos de los otros seres vivos es nuestra «voluntad de sentido», es decir, nuestra búsqueda infatigable por encontrarle un sentido a la vida.

Mientras que los animales, de alguna manera, nacen biológicamente ajustados a un medio físico, nosotros no nacemos ajustados, sino que tenemos que ajustarnos convirtiendo ese medio en un mundo, en un espacio habitable y ordenado por leyes y valores. Esto nos permite vivir en escenarios muy diferentes y nos da la oportunidad también de convivir de formas muy distintas.

No estamos programados biológicamente para responder de manera automática a los estímulos. Es más, mal si vamos por la vida en constante piloto automático, porque nosotros, los seres humanos, tenemos capacidad de elegir entre distintas posibilidades. Y podemos elegir muy bien o muy mal. Crear cualquier mundo o esmerarnos en contribuir a crear el mejor mundo posible. ¿De qué depende? De cada uno de nosotros.

Claro que, para contribuir a crear el mejor de los mundos posibles, uno tiene que saber que forma parte de un todo, además de ser un ser individual. Desde que en la época moderna nos descubrimos como un «yo» con derecho a ejercer la libertad, nos hemos olvidado progresivamente de que no hay un «yo» sin un «otros», y que lo más conveniente sería contemplar un «nos-otros». Nos hemos olvidado de que, para encontrarle un sentido a nuestra propia vida, y dentro de ella a nuestro trabajo, debemos ser conscientes de qué se juega en el tablero de un mundo cada vez más cosmopolita. Cuando repetimos la archiconocida frase de Ortega y Gasset «Yo soy yo y mi circunstancia», no debemos atrancarnos al pronunciar su segunda parte: «Si no la salvo a ella, no me salvo yo», porque precisamente esa segunda parte expresa la vida como interacción entre yo y el mundo. Y es que cada uno de nosotros es una persona con su circunstancia (su bagaje, su entorno, sus relaciones, sus acciones, sus sueños…) que ahora mismo, en este preciso momento, interacciona con el mundo, y el mundo interacciona con ella en una influencia mutua, como un efecto *boomerang*. El mundo sería distinto sin ti, y tú serías distinto en otro mundo.

En ese mundo, ¿nuestro trabajo necesita ser con-sentido?

El concepto de trabajo ha ido variando históricamente, hasta concebirse en la actualidad como un escenario de autorrealización y, por tanto, como algo dotado de sentido; de un sentido construido entre otros, y, en el caso de una empresa, como corporación de personas unidas por una tarea común, de un sentido construido claramente con otros.

Viktor Frankl también afirmó, tras su experiencia extrema en varios campos de concentración, entre 1942 y 1945, durante la Segunda Guerra Mundial: «En realidad no importa que no esperemos nada de la vida, sino si la vida espera algo de nosotros». ¿Qué espera la vida de ti? ¿Cuál es tu contribución? Sí, tu contribución como persona. ¿Y cuál es la contribución de tu empresa al mundo? Sí, su contribución a una finalidad común beneficiosa para la sociedad. ¿Cuál es su legado? Porque podemos hablar de un propósito personal o corporativo como voluntad de sentido gracias a que somos capaces de pensar y de re-pensar, es decir, de pensar para vivir y de pensar sobre lo vivido, de pensar desde ahora para proyectarnos en el por-venir, en mañana mismo, en las generaciones futuras, en la de nuestros hijos, la de nuestros nietos; en ese mundo con el que nos toparemos de vuelta.

Por eso el trabajo, más que consentido, ha de ser un trabajo con sentido. Ese que, más que esforzado, es un sustento nutricio que nos da fuerza, coraje, que alimenta nuestra moral para mantenerla alta y así poder llevar a cabo nuestros planes de vida.

De principio a fin

Cabe la posibilidad de que nuestro indiano del inicio de este capítulo fuera capaz de guiarse por principios, derechos y valores universales, y que construyera una escuela con el fin de contribuir a una educación de calidad para todos los niños. Eso sería posible si el sentido de humanidad del que hemos hablado estuviera incorporado en su carácter, hecho carne, encarnado en su persona. Del mismo modo, si en vez de hablar de un individuo como es el indiano, hablásemos de una empresa, ese compromiso de contribuir a un mundo más humano tendría que formar parte del carácter de esta, es decir, de su cultura.

Ahora bien, ¿somos capaces de pensar, de repente, en términos de un destino colectivo? O, dicho de otra manera, ¿somos capaces, de repente, de ir más allá de nuestros fines individuales? ¿Somos capaces de proyectar nuestra casa, nuestra empresa, para hacer del mundo un hogar para la humanidad?

Y, si la sociedad que consume nuestros productos y nuestros servicios nos exige tal propósito, ¿cumplimos realmente las expectativas? ¿Podemos cumplirlas si nos han llegado desde afuera en lugar de haber nacido de nosotros? ¿Te conoces lo suficiente para saberlo? ¿Conoces lo suficiente la cultura de tu empresa? ¿Eres o pareces? «Conócete a ti mismo» era el *dictum* inscrito en el templo del dios Apolo, en el oráculo de Delfos. Mírate para poder mirar. Mira dentro para poder ir hacia afuera. Sal fuera para mirar dentro.

Dentro es el carácter de cada persona. Dentro es la cultura de cada empresa. Los valores por los que nos conducimos, la repetición de actos que crean hábitos y nos predisponen a obrar bien o mal. Si esos hábitos son nocivos, se denominan «vicios». Si son buenos, se denominan «virtudes».

Ahora nos suena raro hablar de virtudes, pero los clásicos decían que la virtud, a la que en griego llamaban *areté*, era la excelencia del carácter. Era virtuoso el que destacaba en un ámbito por hacerlo especialmente bien. Hoy día también decimos de alguien, por ejemplo, que es un virtuoso del violín. Luego, en la Edad Media, la virtud, la *virtus*, fue entendida como fuerza: la fuerza del alma para hacer el bien; de la misma forma que de una planta capaz de curar también decimos que tiene virtudes terapéuticas.

En definitiva, la virtud es una actitud adquirida mediante el hábito que hace que alguien sea excelente tanto en habilidades para su ejercicio como en la predisposición a obrar según los valores y las metas que exige su profesión; es decir, que realiza bien su función y actúa moralmente bien. Cuando hoy en día hablamos de la excelencia profesional, estaríamos hablando de personas virtuosas.

Esas virtudes encarnan nuestros valores, expresan nuestras convicciones y creencias, nuestros sentimientos favorables o desfavorables ante las distintas situaciones, nuestra tendencia a responder con una conducta u otra. Esas virtudes manifiestan quiénes somos.

Dado que a ser virtuoso se aprende, y se aprende a través de la práctica, del hábito, no te preocupes, ¡ocúpate! Siempre nos cabe mejorar. Como, además, los seres humanos somos seres sociales que nos humanizamos entre humanos, para poder vivir bien juntos, es decir, para convivir, hemos de cultivar virtudes públicas. ¿Cuáles son esas? Las que crean puentes entre lo individual y lo colectivo, entre la persona y la sociedad, entre el yo y los otros, para aprender a pensar en términos de nosotros. Entre ellas está la tríada heredada del siglo de las luces: libertad, igualdad y fraternidad (solidaridad).

Esta orientación comunitaria de las virtudes es la que está

presente cuando nos planteamos el propósito individual y el propósito corporativo. ¿En qué punto estás? ¿En qué punto está tu empresa? Poque no solo importan las cuentas, sino que también los cuentos son fundamentales. Las empresas tienen que contar el bien público que hacen, y lo que cuentan tiene que ser verdad para ser merecedoras de la estima ciudadana. Con lo cierto, lo bueno y lo útil se construye la propia reputación y se respeta la ajena.

Detecta en qué punto estás y, a partir de ahí, avanza. Es cuestión de práctica. Por suerte, las personas y las empresas, como colectivo humano, estamos siempre en proceso de construcción. Construyamos el mejor de los mundos posibles.

2. ¿Por qué pensamos lo que pensamos?

> La información puede transmitirse, se pueden inculcar las ideas, los sentimientos pueden compartirse, pero los significados hay que descubrirlos.
>
> MATTHEW LIPMAN

Hay una imagen creada por inteligencia artificial que se ha hecho viral en la que, en lugar de salmones nadando en un río, son lomos de salmón los que nadan en sus aguas. Lomos como los que compramos en el supermercado. Nunca mejor dicho que se ha tomado la parte por el todo.

Nuccio Ordine (1958-2023), galardonado con el Premio Princesa de Asturias de Comunicación y Humanidades, declaró en una entrevista en el periódico *El Mundo* (2022) que «el verdadero filósofo debe ir siempre a contracorriente, como el salmón en un río. Su tarea es decir lo que el poder no quiere oír y, sobre todo, tiene que ser un hereje». Es más, tiene que formar herejes.

Ya en su momento, Sócrates fue conocido como «el tábano de Atenas» por su capacidad para incomodar. Acusado de corromper a la juventud, optó por asumir su condena a muerte antes de desdecirse de sus palabras y retractarse de sus acciones. Lo que la acusación calificó de corrupción a los jóvenes o, en el mejor de los casos, de «meterles pájaros en la cabeza» era en realidad una invitación a cuestionar y a cuestionarse. Algo que muchas veces no está bien visto.

Sin embargo, precisamente ahora, en este cambio de era, con una nueva revolución industrial, cuando aparentemente se difuminan las fronteras entre el humano y la máquina, cuando la inteligencia artificial parece apabullar a la inteligencia humana, es cuando más necesario resulta plantearnos qué es lo que nos hace humanos, qué nos es característico, qué diferencia hay entre la perseverancia de un salmón remontando un río en busca de sus raíces y un lomo de salmón en sus aguas. Justo ahora es en especial necesario cultivar nuestra capacidad de discernimiento, es decir, nuestro pensamiento crítico.

Hay quien considera que, a estas alturas, el pensamiento crítico está «manoseado». Sin embargo, lo que está manoseado, manido, toqueteado… está gastado o deteriorado por el uso. ¡Ojalá el pensamiento crítico estuviera demasiado usado! Lo que existe en la actualidad es una proliferación de discursos sobre la relevancia del pensamiento crítico, sobre su fragante necesidad en la época de la posverdad. Ahora bien, ya el refrán nos recuerda que «del dicho al hecho hay un trecho». Así, se habla mucho del pensamiento crítico, pero se lleva poco a la práctica. Entre otras cosas, porque, a veces, no se sabe en qué consiste; otras veces, no se sabe si se tiene o no se tiene, es decir, si viene de fábrica como dote biológica con la que has sido más o menos agraciado o lo tienes que trabajar, y, si tienes que desarrollarlo, cómo se hace. Lo que hay en la actualidad es un abuso en el discurso y un desuso en la práctica. Claro que, expresado así, el diagnóstico parece muy polarizado, y precisamente el pensamiento crítico nos educa para apreciar los múltiples matices de las situaciones. De eso trata, entre otras muchas cosas: de aprender a apreciar los claroscuros de la realidad.

El pensamiento crítico se lleva poco a la práctica, pero se intuye, se señala, que convendría hacerlo. De hecho, existe un anglicismo para expresar los riesgos de su ausencia: *groupthink*. En cuanto tenemos la palabra en inglés, parece que la cosa se pone seria y el tema merece nuestra atención, bien para aplaudirlo o bien para criticarlo.

¿Qué implica el *groupthink*, ese pensamiento de grupo? Implica que hay un pensamiento único. A su vez, un pensamiento único supone que o bien el grupo es excesivamente homogéneo, es decir, no hay diversidad y todos piensan prácticamente igual, o bien hay uno que piensa y, de cara al escaparate, los demás suscriben sus palabras, aunque en su fuero interno piensen algo completamente distinto.

Hay una escena, «Carpeta verde, Carpeta roja» (2021), de la serie de televisión *Merlí: sapere aude*, que ilustra cómo la presión ambiental puede llevarnos a adherirnos de manera irracional a la opinión de la mayoría.

El *groupthink* es un fenómeno muy problemático, porque puede dar lugar a la toma de decisiones irracionales al no considerar con cuidado todas las opciones o puntos de vista. Se puede dar con facilidad en procesos de contratación, donde varios reclutadores han entrevistado a los candidatos y en la puesta en común pueden sentir la necesidad de estar de acuerdo con los colegas y suscribir la opinión dominante del grupo o sumarse directa y acríticamente a la opinión de quien ejerce mayor influencia.

Mas allá de formar parte del título de una serie, *Sapere aude* es una locución latina que promovió, en plena Ilustración, el filósofo alemán Kant, aunque su origen esté en la Epístola II de Horacio (s. I a. C.), y significa atrévete a usar tu propia razón, es decir, «atrévete a pensar». Si la cuestión va de atrevimiento, es porque hay quien no se atreve. Para atrevernos a pensar, tenemos que echarle coraje y esfuerzo; algo de lo que, como Kant expresó, a menudo adolecemos, ya que nos resulta más cómodo ser perezosos y cobardes.

Muchas veces nos acomodamos porque no tenemos ganas de complicarnos la vida. ¡Cuánto más sencillo dejarnos llevar, que otros decidan, que otros se equivoquen y, por lo tanto, que haya alguien a quien echar la culpa! Así vamos, permitiendo que nos tutelen, empujados por la inercia, sin pararnos a reflexionar. ¿Es importante que pensemos? Tú verás si quieres ser el protagonista de tu vida o un actor secundario.

¿Es importante que en una empresa se fomente el pensamiento crítico? ¿Se convertirán los equipos en un avispero?

¿Se resentirá el liderazgo? ¿Qué sentido tiene? ¿Es preciso que todo el mundo se manifieste? ¿Adónde vamos? ¿Nos echamos las manos a la cabeza? ¿O la ponemos a pensar?

Si tienes curiosidad por saber cómo se contestaría a estas u otras preguntas, significa que ya estás bien posicionado en la casilla de salida para recorrer las páginas siguientes.

Suena el despertador

Tu curiosidad te ha traído hasta aquí. Aristóteles decía que precisamente el asombro despierta el deseo de saber.

A veces ocurre lo inesperado: que nos sobreviniese una pandemia mientras vivíamos en la ilusión de ser indestructibles, que cueste retener el talento joven mientras el talento sénior reclama ser retenido, que se busquen recetas para la felicidad en el espacio público del trabajo mientras se lleva careta de psicofármaco en la esfera privada… Si te asombras y la realidad te asombra, si te admiras ante tal espectáculo, tu perplejidad cuestiona. Cuando algo te sorprende y te haces consciente de que no sabes, entonces comienzas a preguntarte.

Ahora bien, no solo te despierta el asombro, esa emoción que te desbordaba ya de niño cuando estrenabas el mundo y formulabas preguntas de un modo insistente porque querías conocer. También te despierta la duda, que es otra de las palancas para explorar. Por eso, Descartes (1596 - 1650), en el siglo XVII, planteó la duda metódica, es decir, como método.

¿Dudas? ¿De qué dudas? La duda goza de gran prestigio. Nos gusta más andar sobre seguro, pisar suelo firme. Un negocio seguro es una empresa de fiar. Ocurre que a menudo la duda nos hace sentir mal. Tendemos a concebirla como paralizante. Sin embargo, la duda tiene funciones constructivas porque nos ofrece la cautela necesaria ante los peligros.

Actualmente vivimos, como ya apuntaba, en la época de la «posverdad». Esta es una distorsión de la realidad de forma deliberada en la que se manipulan las opiniones y las creencias de las personas para influir en la opinión pública. Imagínate que, de toda la información que te llega, no dudas de nada, que la das de un modo acrítico por buena. Aun a sabiendas de que esa información que se te presenta adolece del sesgo de confirmación, es decir, a pesar de ser consciente de que el algoritmo te enseña lo que te gusta, las mismas ideas con las que de entrada ya comulgabas. Te conoce bien, y te cuenta lo que quieres oír, te muestra lo que quieres leer. Así, tu parcelita visible del mundo cada vez es más limitada. ¿Cómo tomarás buenas decisiones si en un momento histórico en que la realidad se hace cada vez más compleja, paralelamente, tu conocimiento de esa realidad es cada vez más restringido? ¿Cómo puede salir bien?

La duda hace que te cuestiones y, por lo tanto, te mueve a reflexionar. Claro que dudar en exceso puede ser paralizante, como recoge la expresión «la parálisis por análisis». Pero lo suyo no es irse al extremo, y es así como la concibió Descartes: para él la duda era un camino en búsqueda de certezas, era un método hacia lo indudable. De hecho, él nos advirtió tanto de la precipitación —que te lleva a aceptar por un exceso de confianza hasta lo que es confuso y oscuro— como de la prevención —que por un exceso de desconfianza te lleva a no aceptar lo que es evidente.

Actualmente, hay quien aún se niega a aceptar la evidencia del cambio de era en el que estamos inmersos. Hay quien elude la transformación, que en el mundo empresarial conlleva la revolución digital, la necesidad de plantearnos las fronteras de la tecnología en los puestos de trabajo, las demandas de las distintas generaciones respecto a sus empleos, la justicia o injusticia del algoritmo que criba en la selección de personal, la urgencia de cuidar de este planeta... Hay quien prefiere no meterse en estos berenjenales, como si al negarlos consiguiese parar el mundo.

La realidad es poliédrica, tiene múltiples cara y cada vez es más compleja. No podemos abarcarla solos, necesitamos a los demás para saber dónde estamos, para conocer «el estado de la cuestión». Descartes te diría que, ante un problema complejo, lo desmenuces hasta llegar a ideas simples, claras, distintas y aprehensibles a partir de las cuales puedas construir. ¿Te suena?

Ni crédulo ni indeciso. Duda con sentido común. Es más, ahora que estás leyendo, te diría aquella frase de Ortega y Gasset: «Siempre que enseñes, enseña a la vez a dudar de lo que enseñas». Ya sabes, tienes licencia para dudar.

Cuando te encuentras inmerso en los avatares de tu trabajo y de tu empresa, ¿de dónde puede surgir el impulso que te lleve a pararte a pensar? Ya ves que Aristóteles aseguró que del asombro. De ese asombro saldrán preguntas y tu motivación para conocer lo que ahora desconoces. Descartes, además, añadió otro posible desencadenante para tu reflexión: la duda. El hecho de que dudes acerca de lo conocido, de que se te encienda la alarma cuando te dicen «así son las cosas». Entonces puede que se active el impulso que te lleve a examinarlas con espíritu crítico en busca de certezas. Pero hay un tercer caño en la fuente de la que mana el filosofar: la conmoción.

De este tercer aspecto nos habló el filósofo alemán Karl Jaspers (1883-1969), que, seguramente dado que era psiquiatra además de filósofo, contempló otras facetas de las personas que los demás no veían y planteó una cara muchas veces oculta de la condición humana: la que lo llevó a afirmar que la semilla del filosofar es la conciencia de estar perdidos. Y, si estás perdido, buscarás encontrarte, como en estos tiempos de confusión, de estar conmocionados, a veces en situaciones límite que nos superan, que exceden nuestra capacidad de comprensión, que no podemos asumir de ningún modo y que nos exigen pensar. Y, sin embargo, ¡qué poco espacio le dedicamos al pensamiento!

Vamos a ver estos tres caños de la fuente de la que mana el reflexionar en un caso concreto, como puede ser el teletrabajo.

Con el pasmo de la pandemia, nos asombramos al descubrir las posibilidades y las ventajas del trabajo en remoto, cuyo ascenso se produjo por pura urgencia. Al retirarse la pandemia, la necesidad de teletrabajar dio paso al deseo o no de hacerlo y a la disposición o no a permitirlo. Bebemos, además, del caño de la duda para ver cómo gestionar esa cuestión en cada caso. Todo un escenario estimulante para el examen crítico. Aún podemos sumar el tercer caño, el de la conmoción, al valorar con perspectiva el teletrabajo. Podríamos agruparlo con el reto de otros temas, como la demanda de flexibilidad, el futuro de las oficinas, la cohesión de los equipos, el sentido de pertenencia a la empresa, etcétera, bajo el titular: «¿Qué está pasando?».

Pasa que todo cambia. Ya lo dijo Heráclito (540 a. C.–480 a. C.) con su máxima de que nunca te bañarás dos veces en el mismo río porque las aguas de ese río no paran quietas. Fluyen, corren. No son las mismas. Aunque ahora no solo corren, sino que estamos en tiempos de «dromología», un término con el que el ensayista francés Paul Virilio (1932-2018) denominó al fenómeno de la velocidad en la era digital y a la aceleración de las transformaciones históricas que se producen en los ámbitos de la vida del hombre.

Otro autor, el filósofo y sociólogo alemán Hartmut Rosa (1965), relaciona la lógica de nuestras sociedades aceleradas con el incremento de enfermedades como el *burnout*, es decir, con el síndrome de estar quemado, con el desgaste, con el agotamiento generalizado, a nivel social. También con otros trastornos que de un modo paulatino han incrementado, como la ansiedad y la depresión. Trataremos más adelante el tema de la salud mental, pero podemos quedarnos con la imagen que nos ofrece Rosa de que corremos más rápido para permanecer en el mismo punto. Damos vueltas, insatisfechos y acelerados, en la rueda de la vida y en la llanta del trabajo.

Más allá de nuestra relación con la velocidad y la aceleración en nuestro quehacer, lo que está claro es que precisamente el pensamiento crítico demanda tiempo. Tiempo para pensar en estos tiempos que precisan ser pensados.

En momentos acelerados, habría que recurrir al pensamiento lento del que habló el premio nobel de economía Daniel Kahneman (1934) tras investigar cómo funciona nuestra mente durante la toma de decisiones. El pensamiento lento es poco frecuente, requiere esfuerzo, es consciente, es lógico y calculador. Es un pensamiento reflexivo y racional. ¿Te evoca algo de lo ya leído?

Vivimos en la inmediatez de la hipervelocidad, acelerados y agotados; con una capacidad de análisis secundaria comprimida en segundos. La velocidad nos impide la comunicación. No damos abasto para comunicar. No podemos hablar tan rápido como pensamos, ni pensar tan rápido como vivimos. Es la dictadura de la instantaneidad. Podemos estar perturbados, aturdidos, conmocionados, que diría Jaspers, como en un movimiento sísmico. Parémonos a pensar para tratar de salir de este estado de turbación.

Tiempo al tiempo

La prisa. Todo son prisas. Todos tenemos prisa.

En la obra *Alicia en el país de las maravillas*, de Lewis Carroll, el conejo blanco representa la prisa, que pasa a toda velocidad mientras lamenta que llegará tarde. Pero es en el encuentro de Alicia con el enigmático gato de la historia cuando la niña pregunta qué camino ha de tomar y el felino le responde que depende del punto al que quiera ir. «Me da igual dónde», dice Alicia. «Entonces no importa qué camino sigas», le contesta el gato.

Corremos, brincamos, aceleramos. ¿Para ir dónde? Da igual qué camino elijamos si no sabemos adónde vamos. De nada nos sirve correr si nos movemos sin sentido; sin término ni finalidad alguna. De nada sirve la hipervelocidad si estamos perdidos. La prisa es un invento, y lo sabemos. De hecho, a veces lo compensamos elogiando la lentitud. Lo que está claro es que el tiempo del pensamiento crítico es el de la vela encendida. Es el tiempo del sosiego, de la calma de cuerpo y mente.

Cada vez se oye más la vindicación del pensamiento en la empresa. ¿Es que antes no se pensaba? Por supuesto que se pensaba. Si no se hubiera pensado, ni las empresas ni los empresarios habrían hecho camino. Entonces, ¿de qué se trata? Se trata no tanto de pensar más, sino de aprender a pensar mejor.

Esta urgencia de cultivar nuestro pensamiento está vinculada al apremio de las máquinas, de la inteligencia artificial (IA) y de todo lo que supone la revolución digital. Necesitas pensar para no caer en manos de la manipulación, necesitas pensar para que tu empresa sepa utilizar la tecnología a su favor y sea competitiva, necesitas pensar porque, de momento, solo las personas tenemos la flexibilidad que nos permite leer los contextos que ahora son tan cambiantes. Y, sin duda, tu empresa tiene que adaptarse al contexto, necesitas pensar para innovar, tienes que pensar para saber elegir entre tanta complejidad lo más adecuado para tu negocio… Es más, no basta con que piense una sola persona, ni dos, o solo los líderes. Porque aprender a pensar mejor es aprender a pensar por uno mismo pensando con otros; con quienes nos rodean, desde aquellos que nos precedieron, a hombros de esos gigantes, con vistas a las generaciones futuras y con la mirada puesta en el horizonte de contribuir a un mundo mejor.

Ahora estamos en momentos de mucha incertidumbre, tanto que se habla de entornos mega-VUCA (*volatility, uncertainty, complexity, ambiguity*), y hay dos maneras de enfrentarse a la incertidumbre: una sería considerar que el desasosiego y la vacilación son debidas al desconocimiento y que, si tuviésemos todos los datos sobre las situaciones, podríamos actuar de un modo controlado. Desde esta posición, la IA tiene un gran papel como un enorme conservatorio de datos y como detectora de patrones. La segunda perspectiva consideraría la incertidumbre como algo intrínseco a la propia vida, sometida al azar, y no solo motivada por nuestra inteligencia imperfecta. Esta controversia enlaza con la eterna disputa entre determinismo y libre albedrío, causalidad y casualidad.

Ahora bien, ¿podemos estar completamente seguros de algo, más allá del hecho de que todos moriremos? Descartes dijo: «Pienso, luego existo», de modo que consideraba que el hecho de pensar le aseguraba existir. Entonces, si no piensas, ¿no existes? ¿Es posible no pensar?

Pensar es una función vital de todos los seres humanos. Sin embargo, se puede pensar mejor o peor. De aprender a pensar mejor trata el desarrollo del pensamiento crítico, que es el esqueleto de la filosofía, necesario y transversal al resto de los campos. Por eso aquí hablamos de pensamiento crítico, porque es necesario que este pensamiento se impregne en la cultura de la empresa y en el carácter de las personas que la conforman.

En tiempos de especial incertidumbre, el desconcierto nos azuza a tomar decisiones según el pensamiento rápido de Kahneman: arrastrados por las emociones y sacando conclusiones de forma automática y no respuestas de forma consciente. Si el pensamiento crítico se cultiva a ritmo de vela encendida —la vela que proyecta el claroscuro de la realidad, con sus luces y sus sombras—, si precisa de la acogida del sosiego como actitud existencial para que surja, ¿cómo lo desarrollaremos si tenemos prisa?

Los tiempos cambiantes nos instan a conciliarnos con los tiempos. Ya los griegos nos hablaban de tres deidades: Cronos representa el tiempo cronológico, lineal, el que medimos, el que se agota, el que nos lleva corriendo de un lado a otro en busca de lograr nuestros objetivos. Kairós es el tiempo propicio, el de las oportunidades que nos pasan por delante y que hay que coger al vuelo; ese tren que velozmente nos reta a subirnos en él. Aión es el tiempo circular, pleno, aquel que nos invita a la acción como fin en sí misma, el del disfrute del camino, el tiempo de pararse para reflexionar en busca de sentido.

No hay tiempos buenos ni malos. Hay tiempos descompensados. De la interrelación entre estas tres deidades griegas dependerá nuestra experiencia del tiempo en el que vivimos, nuestro espacio para pensarlo y para sacar nuestras propias conclusiones y nuestras acciones para transformarlo.

Ya se lo dijo el enigmático gato de Cheshire a Alicia: si no sabía adónde iba, daba igual qué camino siguiera. Alicia puede continuar dando vueltas si no tiene una estrategia, si no sabe hacia dónde quiere ir, si no tiene un horizonte de objetivos y una ruta para llegar a ellos. Puede deambular en el país de las maravillas. Puede correr para no avanzar.

¿Cómo vas de tiempo? Ahora es tiempo de tomarte tiempo, de lo que en filosofía llamamos «suspender el juicio», de reflexionar antes de actuar. Estás ante la urgencia de pensar con calma. El desarrollo del pensamiento crítico puede ayudarte a la mejor toma de decisiones de negocio. ¡Te merece la pena el coraje y el esfuerzo!

¿Cómo ser comunidad sin ser rebaño?

Hemos visto que nos preguntamos porque nos asombramos, porque dudamos sobre qué hacer, porque nos sentimos perdidos. Todo ello nos crea incomodidad, nos ocupa y muchas veces nos preocupa.

Imagínate una empresa en la que hay un problema de fuga de talento. Un acontecimiento así desencadena un proceso de pensamiento crítico. Hay una situación que no se atendió, que ahora nos deja perplejos, que nos causa incomodidad y que tiene que ser atendida. ¿Qué debemos hacer? Lo primero, evaluarla, conocer «el estado de la cuestión».

A medida que las situaciones son más complejas, más necesitados estamos unos de otros para abarcarlas, para comprenderlas. Cada uno verá el problema desde el lugar en el que está situado. La persona responsable de relaciones laborales se focalizará en la competitividad del paquete retributivo; la de prevención de riesgos, en los aspectos psicosociales y de seguridad física; la persona responsable de los departamentos de producción, en la carga de trabajo; el departamento de personal, en lo estimulantes que pueden ser las distintas funciones… Y, así, cada uno ilumina una cara de la poliédrica realidad. Esa confluencia de las múltiples miradas, de las diferentes perspectivas, debe continuar dándose cuando se avance en las explicaciones sobre lo que está ocurriendo y cuando se busquen soluciones, porque nuestro conocimiento sobre algo nunca lo agota. Solo refleja lo que podemos ver desde un punto de vista determinado, desde lo que sabemos, desde nuestra experiencia, desde el lugar que ocupamos. Por eso, cuando varias personas miramos lo mismo, no vemos, no obstante, lo mismo; porque cada una observa desde un lugar diferente, tiene su propia perspectiva.

En filosofía se habla de «perspectivismo». A este respecto, Ortega y Gasset nos dice que, si dos personas miran hacia la

sierra del Guadarrama desde dos lugares distintos, una desde Segovia y otra desde Madrid, cada una de ellas tiene una
perspectiva distinta de la misma sierra, una mirada diferente. Dos puntos de vista sobre una misma realidad no pueden coincidir, pero sí que pueden complementarse. Como
ya hemos comentado al hablar del *groupthink*, si todo el
mundo piensa igual, será que uno piensa y los demás secun-
dan, porque, incluso aunque se tengan perspectivas pareci-
das, siempre habrá matices diferentes. De ahí la importancia
de aprender a pensar mejor por uno mismo pensando con
otros, de aprender a ser comunidad sin ser rebaño.

Aristóteles, igual que Platón, defiende, como buen griego, que el ser humano es un ser social por naturaleza, no por
convención. Es un *zoon politikon*, es decir, un animal político, de la polis; un ser social. Somos gregarios, como también
lo son otros animales, como las abejas, las hormigas, los lo-
bos o las ovejas. Pero nosotros tenemos un rasgo distintivo,
al que los griegos llamaron logos, que significa tanto razón
como lenguaje. El logos es lo que nos permite no solo transmitir lo que sentimos, sino también lo que pensamos, que,
como Aristóteles plantea en su *Política*, nos permite mani-
festar lo conveniente y lo perjudicial, lo justo y lo injusto;
tener el sentido del bien y del mal.

¿Qué relación hay entre lenguaje y pensamiento? Aunque es cierto que podemos pensar y comunicarnos sin usar
palabras, por ejemplo, con imágenes, el lenguaje es el instrumento por excelencia para construir y expresar nuestro
pensamiento. Si tenemos un vocabulario limitado, si no co-

nocemos determinadas palabras, nos costará mucho expresar nuestras ideas. Además, las palabras no solo tienen un componente cognitivo, sino que también están cargadas de valor; pueden tener tanto connotaciones positivas como peyorativas o ser manipuladoras. Es tan estrecha la relación entre lenguaje y pensamiento que la pobreza o riqueza de uno va ligada a la riqueza o pobreza del otro. Se podría decir: «A ver cómo te expresas y te diré cómo piensas». Y, a continuación, «A ver cómo piensas y te diré cómo decides», porque un pensamiento bien construido favorece la buena toma de decisiones.

Es cierto que «vale más estar solo que mal acompañado», pero también lo es que «solo se llega más rápido, pero en equipo se llega más lejos». Si en la época clásica primaba la visión holística de que el todo era anterior a las partes y, por tanto, predominaba lo común, al llegar la modernidad nos descubrimos como átomos, como individuos con afán de libertad. Y, ahora, en la posmodernidad, el individualismo ha llegado al extremo abanderado de la autonomía personal. Pero ya hemos visto que estamos nosotros, los demás y un mundo en el que influimos y que nos influye.

Hemos dicho que el lenguaje es el instrumento por excelencia para pensar. Pero también lo es para transmitir lo que pensamos y lo que sentimos, es decir, para comunicarnos. Por lo tanto, las palabras son una herramienta clave en la comunicación de una empresa y, por ende, en la cultura organizacional. Cuando un equipo de trabajo habla, ¿entiende lo mismo? En alguna empresa, por ejemplo, se llama a los clientes «jefes» con el ánimo de remarcar su importancia. En esa empresa, «jefe» tiene un significado que solo sus integrantes comprenden como tal. Es, pues, el significado delimitado y subjetivo que le dan a la palabra las personas que la usan en ese contexto.

Pero vayamos más allá: cuando estipulamos los valores por los que se rige una empresa, debemos modular primero el significado de cada valor en esa organización en concreto. Si se dice, pongamos por caso, que un valor es la «transparencia», ¿qué se entiende como tal? ¿Transparencia para todo? ¿Toda la información está en abierto? ¿Hay recodos al margen de esa transparencia? Hay que llegar a un consenso sobre el uso de tales términos clave. Son los juegos del lenguaje de los que nos habló Wittgenstein (1889 - 1951). La necesidad de preguntarse: «¿Qué quieres decir cuando dices…?» o «¿Qué queremos decir cuando decimos…?». Es necesario elucidar los términos para asegurar que todas las personas que forman parte de la organización entienden lo mismo en el uso de las palabras y los juegos del lenguaje que generan. Es preciso, pues, afianzar un lenguaje común que cultive el entendimiento.

Si, dada la complejidad del mundo en que vivimos, es especialmente conveniente tener en cuenta las distintas miradas sobre un mismo problema, se entiende por qué hablamos de aprender a pensar mejor por uno mismo pensando con otros. Esto significa que, cuando se trabaja en el desarrollo del pensamiento crítico de forma grupal, cultivando el diálogo, y sobre el sustrato de un buen clima socioafectivo, comenzamos a descubrir el valor de poner en común las diferencias enriquecedoras entre los miembros de nuestro equipo y a fomentar el trabajo colaborativo. Lo que toda la vida se ha dicho sobre que «cuatro ojos ven más que dos»; del mismo modo, varias cabezas pensando con un mismo objetivo piensan más que una. Para ello, es esencial promover una cultura de la diversidad en la empresa y perder el miedo al disenso.

Hay que entender que, cuando la actitud es colaborativa, el disenso es enriquecedor; que opinar distinto de otra persona no es atacarla, sino estar en desacuerdo con su argumento, y que, si bien es cierto que todas las personas son respetables, las opiniones tienen que ganarse el respeto. Porque cada uno puede creer que su opinión es la buena, pero, si todas las opiniones valiesen lo mismo, no tendría sentido iniciar un diálogo en busca del mejor argumento, aquel fundamentado en buenas razones.

En cada uno de los retos que se nos presentan en la empresa cuentan tanto los aspectos subjetivos, es decir, la actitud del líder y de los equipos, como las estructuras de la empresa que posibilitan en mayor o menor medida la inteligencia colectiva para resolver esos retos y llenar de significado y sentido el trabajo de cada una de las personas implicadas. Se trata de entendernos como seres en relación, como personas interdependientes; algo que tuvimos oportunidad de aprender durante la pandemia de la COVID-19, pero que parece que no hemos consolidado.

Si, como hemos visto, Kant nos decía que tener un pensamiento propio exigía esfuerzo y coraje, quien más esfuerzo debe realizar y más coraje ha de tener es el mismo líder. Quien lidera es quien debe crear el clima de confianza necesario para posibilitar el valor del disenso y huir del pensamiento único. De quien lidera depende que su equipo sea una comunidad y no un rebaño.

¿Eres elegante? ¡Mójate!

No tendremos un trabajo con sentido, con significado, si no tomamos parte en él; pero lo curioso es que a veces no queremos tomarla. No hay sentido si estamos amordazados, pero tampoco lo hay si somos nosotros mismos quienes nos atenazamos.

Se habla del problema del *groupthink* incluso en los consejos de administración de las empresas. Bien por lealtades, bien por evitar riesgos, la gente se conforma, es decir, se ajusta a la forma. Habrá que preguntarse cuál es el bien interno de la función del consejo. Si lo suyo es poner en común las distintas perspectivas para buscar la mejor estrategia, y tal diversidad no se muestra, entonces no se atiende al bien interno que legitima la existencia de un consejo de administración; es decir, el consejo no realiza su función.

Tememos disentir porque no reconocemos el valor del disenso en la esfera del diálogo, que no del debate. Diálogo viene de «dia» y «logos». De logos ya hemos hablado. *Dia* es circular. En el diálogo, la palabra circula, fluye. Las otras personas son nuestros interlocutores y no nuestros contrincantes, porque todos juntos ponemos en común nuestras perspectivas y reconocemos que otras posiciones pueden mejorar la propia. Además, lo hacemos con un trato cuidadoso. Del cuidado así entendido hablaremos en próximos capítulos. En el diálogo lo que buscamos todos juntos es comprender para emitir un juicio, tomar una decisión, resolver un problema.

Un líder valiente, con coraje, no solo debe tener pensamiento crítico, sino que tiene que cultivar un buen clima laboral para que sobre ese fértil sustrato socioafectivo las personas puedan poner en común sus perspectivas y se pueda aprovechar esa inteligencia colectiva. Porque el pensamiento crítico es un proceso activo que se trabaja como hábito y que requiere de un esfuerzo persistente para examinar cualquier creencia (comenzando por las propias) o cualquier forma de conocimiento a la luz de las evidencias que la apoyan y las conclusiones a las que se pueden llegar. No se limita a tener habilidades, sino, como vemos, también a cultivar actitudes. Es más, un pensamiento crítico fuerte toma en cuenta el bien común, es decir, va en línea con el propósito propiamente empresarial.

Decían los existencialistas como Sartre (1905-1980) que las personas somos arrojadas al mundo. Sí, arrojadas, porque no hemos pedido nacer. Una vez aquí, estamos condenadas a ser libres, y ser libre significa elegir. Como es evidente, elegir una cosa implica descartar otras. Y puede salirnos bien o no tan bien. Ese es el riesgo. La otra cara de la libertad es la responsabilidad sobre las consecuencias que nuestra elección implica. Parece que, si no eliges, es decir, si dejas que otra persona lo haga y secundas lo que esta proponga, aunque interiormente pienses de un modo distinto, entonces no eres responsable si tal elección es un fracaso. Pero Sartre te diría que dejar que otro elija por ti también es una elección. Por eso, sea como sea, estás condenado a ser libre.

Ser libre es, pues, elegir. El filósofo bilbaíno Javier Gomá (1965) nos recuerda que la etimología de la palabra *elegancia* es «saber elegir». Ser elegante es, entonces, saber elegir bien. Pero ser libre no te convierte en elegante, porque no basta con tener un pensamiento bien construido, sino que hay que construirlo dentro de un marco ético. Por eso, aprender a pensar mejor —puesto que se puede aprender, y hay formas de hacerlo, aunque no vayamos a entrar en ello en este libro— no es solo una tarea intelectual, sino también un cometido moral. Podemos tener un pensamiento perfectamente analítico y lógico y ser enormemente crueles. Basta recordar los lamentables episodios históricos en que se pensaron métodos de exterminio eficaces y eficientes con un vergonzoso y deplorable objetivo.

A fin de cuentas, nuestro pensamiento es complejo. Es multidimensional. El pensamiento crítico entronca con el pensamiento cuidadoso —del que hablaremos más adelante— precisamente en ese marco moral que precisa, en la necesidad de que tenga una dimensión ética y afectiva. Porque es prudente que la razón y la emoción se transiten mutuamente, que la emoción esté regada de racionalidad y la razón fertilizada de emoción. En términos de la filósofa valenciana Adela Cortina, es preciso que cultivemos una «razón cordial», aquella que sintoniza un entendimiento y un sentir comunes.

Ahora bien, el pensamiento crítico también entronca con el pensamiento creativo. Comenta el filósofo y pedagogo toledano José Antonio Marina (1939) que «crear es producir intencionadamente novedades eficientes». No se trata de crear por crear, de ser novedoso por ser novedoso, sino de que lo creado tenga un sentido, una razón de ser, un para qué. Algo que da mucho qué pensar en estos tiempos de tanta innovación tecnológica. Pero a lo que vamos: el proceso creativo tiene dos movimientos. Se abre como divergente, ante las múltiples posibilidades que podemos imaginar, para luego, en un proceso de poda, convergir hacia su materialización en algo concreto. En ese proceso ensambla con el pensamiento crítico a la hora, por ejemplo, de plantear criterios y razones por las que, tras una lluvia de ideas, nos quedamos con una propuesta y descartamos el resto. Además, ambas facetas del pensamiento se entrecruzan también con el componente ético para que lo creado tenga un fin noble. Nuestro pensamiento, por tanto, es complejo, multidimensional. Sus dimensiones crítica, creativa y ética se entrecruzan.

Aunque en este libro no entraremos en cómo se puede desarrollar el pensamiento crítico, expongo las características que le atribuye el pensador norteamericano Matthew Lipman (1923-2010), uno de sus grandes estudiosos. Son características clarificadoras y fundamentalmente aplicadas, ya que no solo se trata de aprender a pensar mejor, sino de pasar a la acción; algo de vital importancia en la empresa. Matthew Lipman nos dice que el pensamiento crítico es:

a) Un pensamiento **razonado**. Es decir, basado en criterios. De hecho, «crítico» se refiere a criterio y no a criticar. Los criterios son la vara de medir que utilizamos. Por ejemplo, cuando se hace una selección de personal se establecen criterios para la elección. ¿Qué ocurre con el criterio de la edad? ¿Establecer ese criterio es edadismo? ¿Cabe alguna situación en la que esté justificado seleccionar a personas de determinado rango de edad? ¿Habría razones para justificarlo? Te dejo estas preguntas para pensar y para que intuyas que no hay recetas, sino que las situaciones particulares precisan ser reflexionadas.

b) Un pensamiento **sensible al contexto**. ¡Qué puedo decirte al respecto si enlaza directamente con lo anterior! Los escenarios cambian. Piensa en el ritmo de renovación que hay en la actualidad. Lo que hacíamos ya no nos funciona. Ante nuevos contextos, hay que hacerse buenas preguntas para llegar a encontrar buenas respuestas.

c) Un pensamiento **autocorrectivo**. Lo que significa cuestionar tus propias creencias y estar abierto a corregir tu forma de pensar al detectar tus debilidades y rectificarlas. Las detectas al poner tus opiniones en común con el grupo. Ahí se ve cuán sólido es su fundamento.

Traigo a colación unas palabras del director de orquesta argentino Daniel Barenboim (1942) en su libro *La música despierta el tiempo*, porque, desde otro lugar, nos sirven de espejo:

> La expresividad musical procede del establecimiento de un vínculo entre las notas, lo que en italiano se llama *legato*, que significa 'ligado'. Según ese principio, las notas no deben desarrollar su ego natural, volverse tan dominantes como para eclipsar la nota precedente. Cada nota debe tener conciencia de sí misma, pero también de sus propios límites. (p. 17)

¡Qué dosis de humildad nos exige la autocorrección! Implica un gran trabajo interior para ser conscientes de nosotros mismos, pero también de nuestros límites; para que nuestro «yo» deje espacio a los otros y se consiga la ligazón. Para que, a través de las palabras, en un juego polifónico donde tengan cabida las particularidades de las distintas voces, seamos capaces de construir un conjunto armónico.

d) Por último, el pensamiento crítico es un pensamiento **aplicado**: se trata de que al final emitas un juicio, resuelvas un problema, tomes una decisión con elegancia.

¿Eres elegante? ¿Quieres aprender a serlo? ¡Estás a tiempo!

3. ¿Cómo actuamos cuando actuamos?

El alma justa y el hombre justo vivirán bien;
el hombre injusto, mal;
el que vive bien es feliz y dichoso;
el que vive mal es infeliz y desgraciado.

PLATÓN

Alguna vez habrás visto o habrás participado en las actividades que se organizan en un resort: *aquagym* en la piscina, gimnasia en los espacios exteriores, juegos para niños, baile para mayores… Si prefieres los deportes de aventura, quizás hayas practicado rápel o buceo con personas recién conocidas. O quizás te hayas decantado por hacer una visita guiada a un museo, o un *free tour* con extraños con los que tan solo compartes un idioma y el desconocimiento de una ciudad.

Las personas nos agrupamos, porque, como hemos dicho, nuestra especie es la de un animal que vive en comunidad. Por eso nos llama tanto la atención cuando sabemos de un anacoreta. Incluso cuando sabemos de alguien que solo por un tiempo ha decidido aislarse. Ahí tenemos al filósofo norteamericano Henry David Thoreau (1817-1862), que se aisló durante dos años en una cabaña junto al lago Walden, que da título a su imperdible obra homónima sobre esa experiencia. Cuenta que se fue a los bosques porque quería vivir solo y exprimir la esencia de la vida, prescindiendo de lo que no era esencial. Thoreau escribió: «Tenía tres sillas en mi casa: una para la soledad, dos para la amistad, tres para la compañía», dosificando así las relaciones.

Aunque a veces elegimos la soledad, nos hacemos humanos entre humanos. No solo necesitamos a los demás para sobrevivir, sino también para vivir una vida buena. Como nos indica Adela Cortina: ni colectivismo ni individualismo, sino personalismo. Es decir, ni diluirnos en la colectividad ni obviarla, sino entendernos como seres en relación. De hecho, buscamos la relación no solo en el negocio, sino también en el ocio, en mayor o menor medida.

Como seres en relación, vivimos juntos un cambio de era. Hay temas en el mundo laboral, ese espacio en el que pasamos tantas horas, que han saltado a la palestra del debate público. Nunca hasta ahora había existido la figura del *chief happiness officer*, ni había estado tan presente el tema de la salud mental, ni se había visto el fenómeno de la «gran renuncia», ni la tendencia a saltar de un trabajo a otro. Son cuestiones nuevas, ligadas unas a otras, que nos exigen plantearnos qué hacer. Como es evidente, cada una de estas cuestiones —y otras propias de este tiempo— es una realidad compleja. Ya sabes, la realidad es poliédrica. No las solucionaremos, pero sí que veremos algunas líneas con las que la filosofía puede ayudarte a pensarlas. Esa es la intención de este libro: darte herramientas para que tú mismo te hagas buenas preguntas sobre el contexto actual, a partir de las cuales puedas indagar en la búsqueda de buenas respuestas.

Empezaré planteándote algunas preguntas:

¿Podrías ser feliz si a tu alrededor todo fuera feo?
¿Podrías ser feliz si no entendieras nada de lo que te pasa?
¿Te importaría vivir de forma que les pareciera bien a los demás, pero mal a ti?
¿Te importaría vivir de forma que les pareciera mal a los demás, pero bien a ti?

Date unos minutos para pensarlas.

Son preguntas raras, ¿verdad? ¿Te parece que no tienen sentido? Quizás a lo largo de este capítulo lo descubras. Te hablaré de las tres «e»: la economía, la ética y la empresa. ¡O de las cuatro «e»! Añadamos una cuarta: la eudemonía.

¿Lo necesitas o lo deseas?

El primer tratado de economía fue de Aristóteles. Aparece en el primer libro de su *Política*, dentro de la filosofía práctica, que es la que reflexiona sobre la acción humana. ¿Para qué servía la economía? Para administrar la casa, es decir, para satisfacer las necesidades de los que convivían en la familia. Por extensión, también era para la administración de la polis como casa de la comunidad. Se insertaba dentro de la visión holística del mundo clásico, en la que el todo era anterior a las partes, como ya hemos comentado. Por lo tanto, la economía iba ligada a la ética, y buscaba el bien común de la familia y de la polis.

Pero la economía moderna debería llamarse más bien «crematística», que es el nombre que le dio Aristóteles al arte de producir y adquirir riqueza. Y, así como las necesidades que cubre la economía son limitadas, la riqueza crematística es ilimitada. Cuando se dice que una empresa satisface necesidades, es muy interesante reflexionar sobre el concepto de necesidad. Por ejemplo: ¿es necesario fumar? ¿Es necesario comer bollería industrial? ¿Cuánto hay en la empresa y en el trabajo de satisfacer necesidades? ¿Y cuánto de atender a deseos o incluso de crearlos al disfrazarlos de necesarios?

Ahora bien, ¿los intereses y la ética pueden ir juntos? ¿O solo cabe la ética en lo desinteresado? Ética e intereses no solo pueden, sino que deben ir juntos. Pero hay que saber qué intereses son legítimos y qué intereses son ilegítimos, cuáles son justos y cuáles injustos. Para eso hace falta pensar. Una empresa inmobiliaria, por ejemplo, tiene interés en vender casas y en obtener beneficios. Lo que no sería legítimo es que lo hiciese ocultándole al cliente los vicios ocultos de las viviendas que oferta.

A fin de cuentas, nuestra sociedad es contractualista, y el contrato es un intercambio de intereses. Intercambiamos con otros si a unos y a otros nos interesa. El empleo es un acto contractual en el cual el trabajo de una parte tiene su retorno en el sueldo que recibe de la otra, y viceversa. Decía Adam Smith, padre fundacional de la economía moderna y a la vez filósofo, que la base de la sociedad era la simpatía, uno de los sentimientos morales. Claro que, aunque nos una la simpatía, en la vida económica entran los intereses, porque, si no, no intercambiaríamos nada. Así que, sobre esa simpatía de base, necesitamos justicia.

Ya ves que la justicia es un valor que aparece de manera reiterada al vincular tanto la economía como las empresas a la ética. Vamos a tener presente este concepto.

Pero ahora recordemos dos obras cumbre de la literatura: *El avaro*, de Molière, del siglo XVII, y *Cuento de Navidad*, de Charles Dickens, del siglo XIX. ¿Las tienes en mente? Estas dos figuras, tanto el avaro Harpagón como el viejo Scrooge del cuento de Dickens, representan el rechazo tradicional a la usura, a la avaricia y a la codicia. ¿Cómo sería hoy día? ¿Qué figura literaria podría representar los antivalores de estos tiempos? ¿Aún tendrían vigencia los mencionados? ¿O serían fundamentalmente otros?

En las ocasiones en que he planteado la pregunta de qué fenómenos que antes no eran económicos han pasado a serlo, la primera respuesta que recibo es: los datos. Esa famosa frase que desde hace unos años nos acompaña y que se asocia con el mundo digital: «Cuando un producto es gratis, el producto eres tú». Porque la economía ha ido colonizando ámbitos de nuestra vida. Decía el filósofo italiano Nuccio Ordine en su emblemática obra *La utilidad de lo inútil* —un manifiesto para quienes estamos en el campo de las humanidades— que el mercantilismo ha invadido la academia. Las universidades cada vez se parecen más a empresas, los alumnos son clientes y las calificaciones se traducen en créditos.

Vemos que esa colonización que lleva a cabo la economía se plasma en nuestro lenguaje cotidiano. Basta pensar que valoramos nuestras acciones en términos de costes y beneficios. Y el lenguaje no es inocuo. Es descriptivo, pero también es performativo, es decir, produce un efecto con consecuencias. Como comenta el filósofo valenciano Jesús Conill (1952) —al mismo tiempo que reivindica que en los estudios de economía se contemple la filosofía del pensamiento económico y no solo el carácter instrumental—, la economía junto a la tecnología se ha convertido en nuestro modelo prevalente de entender el mundo.

Así, en cada época y en cada sociedad hay unos valores que predominan sobre otros. En la nuestra se ha dado mucha importancia a lo útil, a aquello que produce un rédito inmediato. De ahí que se destaque como noticia cuando un joven con una nota excelente en selectividad opta por unos estudios que ni son científicos ni son tecnológicos.

En ese clima contemporáneo, la economía, enfatizada como un engranaje con sus leyes medibles, desencaja con la ética que no es cuantificable. Claro que llega un punto en que la situación rebosa y, de un modo inevitable, nos incita a pararnos a pensar qué mundo queremos, qué sociedades estamos construyendo, qué formas de vida promovemos, qué sentido tiene todo esto. Ahí tenemos el gran poder económico que acumulan las grandes tecnológicas y los interrogantes sobre la legitimidad de su forma de hacer. Nos topamos con los desafíos éticos, queramos o no. Ahí estamos ahora: viendo brotar con timidez la necesidad de darle una pensada a lo que ocurre.

No en vano oímos cada vez más hablar de humanismo, de humanidad, de humanizarse y, con ello, de las humanidades. Esos saberes que, como nos recordó Nuccio Ordine, al estar alejados de todo vínculo práctico y comercial, son fines en sí mismos y nos ayudan a aprender a ser humanos. Entre ellos está la filosofía, de la que Gilles Deleuze dijo que no sirve a nadie, a ningún poder establecido, porque no es servil.

… Y fueron felices

¿Te gusta pescar? ¿Acaso bailar bachata? ¿Practicar deporte o ver el fútbol desde el sofá? ¿Prefieres leer o ir al cine? ¿Te gustan varias de estas actividades? ¿Qué otras? ¿Te ayudan a ser feliz?

Podríamos estar de acuerdo en que todo ser humano quiere ser feliz. ¿Hay alguien que no? De hecho, si les preguntamos a los padres qué desean para sus hijos, la mayoría contesta: que sean buenas personas (la bondad), que vivan bien (el bienestar) y que sean felices (la felicidad). Puedes hacer la prueba y preguntarlo tú mismo.

Claro que… ¿crees que es fácil encontrar la felicidad? En los últimos tiempos, se dice que la felicidad de los empleados es un factor clave para las empresas. De hecho, como ya he apuntado, existe la figura del *chief happiness officer*. ¿Cómo se puede intervenir en algo tan difuso como es la felicidad? ¿A qué nos referimos cuando tratamos este concepto? ¿De qué hablan las empresas cuando hablan de felicidad, y de qué sí podrían hablar?

No es lo mismo ser feliz que estar alegre, como tampoco reír es garantía ni de alegría ni de felicidad. Ni tampoco todo el mundo encuentra la felicidad de la misma manera. ¿Cuánto hay de subjetivo y cuánto de objetivo en ser feliz?

Cabe preguntarse cuáles son los criterios en función de los cuales pensamos la felicidad, evaluamos y comparamos cuán felices son las personas. El establecimiento de buenos criterios es labor del pensamiento crítico. Precisamente lo más radical, y, por tanto, de raíz, es el criterio de considerar las características internas y las externas. Trasladado al mundo laboral: el carácter de los empleados y las circunstancias laborales; en definitiva, la cultura de la empresa.

Había anunciado que en este capítulo hablaríamos de economía, ética y empresa, a las que añadiríamos una cuarta «e»: la eudemonía. De ella habló Aristóteles, para quien la felicidad es el fin último que nos mueve a todos los seres humanos. Todos los demás bienes los deseamos en tanto que nos ayudan a ser felices. Así, un joven podría decirnos que se forma para tener un trabajo, quiere tener un trabajo para independizarse, quiere independizarse para…, y al final de la cadena estaría ser feliz.

¿Podemos bastarnos a nosotros mismos para ser felices?

Aristóteles diría que hay características externas necesarias para la felicidad. No depende solo de las características internas de la persona. Para ser felices necesitamos unas necesidades materiales cubiertas, salud y llevar una vida dirigida con cabeza, en la que cultivamos buenos valores y actitudes que se plasman en nuestras acciones. Se trata de practicar la vida virtuosa. ¡Ya lo máximo sería dedicarnos a pensar!

En las mediciones que se hacen actualmente de la felicidad en las empresas, se contemplan distintas maneras de medir: preguntando a cada persona, realizando encuestas de autoevaluación, a través del botón de la felicidad o, entre otras, registrando indicadores como el rendimiento, el ausentismo, la rotación, etcétera.

Aristóteles diría que, para saber si una persona es feliz, hay que ver cómo se comporta, ya que la felicidad va unida a las buenas acciones. Es una propiedad que nos sobreviene cuando nos forjamos un carácter virtuoso. Para Aristóteles, hacer el bien y ser feliz eran una misma cosa; la bondad es un camino a la felicidad.

Alguna vez te habrás encontrado con titulares del tipo: «Para ser un buen profesional hay que ser buena persona». Ya ves. ¿Crees que la bondad también va ligada a la excelencia? Piénsalo.

La eudemonía aristotélica es un florecimiento humano. Es una felicidad como autorrealización de humanos entre humanos de un modo justo, unida a la acción. Es llegar a ser la mejor versión de uno mismo. ¿Hasta qué punto posibilita la empresa que en el terreno laboral eso ocurra?

Puede que te llame más la atención el estoicismo, una de las escuelas helenísticas, que se reinterpreta en la actualidad en el denominado «estoicismo moderno», en boga en el mundo empresarial. Para el estoicismo, la felicidad se sitúa en la actitud. Por lo tanto, solo cuentan los aspectos subjetivos. Depende únicamente de un estado mental de imperturbabilidad, en el que se comprende y acepta con la razón que hay un determinismo, que hay acontecimientos que no dependen de uno. Lo que sí que depende de uno mismo es la paz interior (la felicidad) cuando se ejerce la libertad de aceptar aquello que no podemos cambiar. Esa libertad interior de elegir cómo encajar los golpes.

Dentro de la empresa hay golpes, tanto para los empleados como para el empresario. ¿Cuándo esos golpes son inevitables y solo cabe encajarlos lo mejor posible? ¿Cuándo sí que cabe hacer algo? ¿Cuándo un trabajador despedido acepta su despido o decide rebatirlo? ¿Cuándo un empresario asume que una crisis lo ha hundido o decide seguir luchando?

Tanto Aristóteles como el estoicismo nos ofrecen posibles respuestas a la pregunta de en qué consiste la felicidad, aunque hay otras muchas en la historia del pensamiento. El dibujante Quino reflejó muy bien este polifacético concepto en una viñeta en que la niña Mafalda le dice a un tendero: «Buenos días, señor; vengo a que me haga la llave de la felicidad». Y el tendero le responde: «Con mucho gusto, nenita. ¿A ver el modelo?».

Cabrían otras muchas interpretaciones, como la del utilitarismo, cuyo criterio de que es bueno lo que es útil tiene mucha presencia en la empresa. El utilitarismo caracteriza la felicidad utilizando criterios subjetivos (internos) que dependen de cuestiones externas que satisfagan los deseos y las aspiraciones de la persona y eviten que se sienta insatisfecha y frustrada. Se resumiría en aquello de: «¡Que me hagan feliz!».

Desde el utilitarismo hay que optimizar la felicidad para el mayor número. Pero, si se trata de satisfacer deseos, estos pueden ser infinitos e incluso pueden estar dirigidos a cuestiones que serían no deseables. Habrá que valorarlo, pues. Imagínate los criterios que habría que tomar para determinar los menús en el comedor de una empresa. ¿Sería el gusto de la mayoría el criterio más acertado? O imagínate una empresa en la que la mayoría de los trabajadores desean concentrar el trabajo en cuatro días semanales. ¿Sería siempre deseable? ¿Existe una receta para todos?

Como le contestaba el tendero a Mafalda, hay muchos modelos de felicidad. Y las diferencias parten ya de si estos apuntan a lo subjetivo, es decir, a lo que depende de la persona, o si también consideran aspectos externos, por lo menos un mínimo de condiciones. ¿Tú qué piensas? ¿Crees que ser feliz depende en exclusiva de cada uno o depende de las circunstancias? ¿Dónde ponemos el peso?

Podemos pensar que son felices los que obtienen dinero. Cuanto más, mejor, porque el dinero te hace la vida más fácil. O que los más felices son los pasotas; nada de obsesionarse, si tanto puede tocarte la lotería como tener un accidente de tráfico. O podemos pensar que la felicidad no la dan los bienes que obtengas, sino tener una actitud adecuada: elegir un camino, tener ilusiones y disfrutar de las pequeñas satisfacciones y perseverar ante los reveses de la fortuna. ¡Cada uno es cada cual!

No es infrecuente el caso de personas, de las que los demás podríamos decir que en apariencia lo tienen todo, que viven permanentemente insatisfechas. A su vez, lo contrario también lo vemos: personas con una vida «menos fácil», pero que saben saborearla. Qué complicados somos los seres humanos, ¿verdad? Puede haber personas que encajen mejor sus privaciones que otras sus comodidades. ¡Qué paradójico!

En el ámbito laboral, la insatisfacción cada vez es más importante. Nos lleva a preguntarnos por qué los empleados se van de las empresas. ¿Cuál es el motivo? ¿Quizás es lo natural ahora y no pasa nada? ¿Claro que pasa? Recordemos que la realidad no es sencilla, sino compleja. Necesitamos pensarla conjuntamente para descubrir poco a poco sus vertientes, con el objetivo de llegar a comprenderla. Con esta intención te muestro algunas de sus caras, para ayudarnos a pensar.

¿Cómo, ante las múltiples interpretaciones de qué es la felicidad (para muestra estas tres teorías que hemos visto), puede uno «encargarse» de la felicidad de otros?

La felicidad, desde la filosofía, tiene que ver con el sentido de la vida, es decir, con tener una vida con sentido, una *vida buena*; una vida en la que uno reflexiona y valora sus actos guiándose por obrar bien; una vida, en fin, vivida con sabiduría. Como ves, una *vida buena* no es lo mismo que una *buena vida*, esa que nos lleva a exclamar: «¡Qué bien vives!».

Pero vamos a lo que nos incumbe: ¿cómo se encargan las empresas de la felicidad del personal? ¿Pueden hacerlo? ¿Deben hacerlo? Seguiremos ahondando en ello en el punto siguiente al hablar de la ética.

Más o menos

Así estamos. ¿Qué hacemos ahora si cada uno de nosotros tiene su proyecto de felicidad, su ideal de vida buena? ¿Cómo podemos, desde la empresa, atender a tantas particularidades? ¿Qué ocurre con la actitud de cada individuo? ¿Podemos intervenir ahí? ¿Nos corresponde?

Imagínate que tenemos en una habitación a un grupo de personas de edades, ambientes y recorridos de vida muy similares. Como es lógico, tendrán mucho en común. Ahora vamos a introducir a personas de edades muy distintas entre sí y diferentes al grupo inicial. A continuación, entran en la habitación más personas, en este caso de otras culturas… Paulatinamente, aumentamos la diversidad que hay en la habitación. Como dice la expresión popular, cada uno es de su padre y de su madre.

En nuestras sociedades, tenemos precisamente ese reto que nos plantea la pluralidad. Y, aunque muchas empresas pospongan afrontarlo, la realidad es que vivimos en un mundo globalizado e interconectado. Un mundo de gente diferente. La autora norteamericana Erin Meyer (1971), por ejemplo, nos expone en *El mapa cultural* algunas diferencias clave que se dan entre las personas de distintos contextos culturales, y que es necesario conocer para el buen entendimiento cuando mantenemos relaciones laborales internacionales.

Sin embargo, a pesar de nuestras diferencias, cabe un mínimo en común. A ese mínimo de valores y normas compartidas lo llamamos «ética cívica». Es esa ética de mínimos que podemos exigirnos, y en la que entra, por ejemplo, el respeto. ¿Verdad que por muy diferentes que seamos debemos respetarnos? Pues eso.

Los valores de la ética cívica se enarbolaron en la Revolución francesa (1789): libertad, igualdad, fraternidad. La libertad va de la mano de la idea de que las personas somos autónomas, es decir, capaces de decidir por nosotras mismas cómo deseamos ser felices. Aunque no debemos olvidar que, a pesar de ser autónomas, también somos interdependientes, es decir, nos necesitamos unas a otras. Precisamente por eso, la libertad también implica que seamos capaces de respetar la libertad y la dignidad de los demás. Solemos detectar enseguida cualquier roce a nuestra libertad y a nuestra dignidad, pero olvidamos a menudo que el resto de las personas también las tienen. U olvidamos la otra cara de la libertad: ser responsables de las consecuencias de nuestras acciones. ¿Te suena?

La igualdad sería más propiamente la equidad, en el sentido de que todos deberíamos tener las mismas oportunidades. ¿Crees que en realidad es así? ¿Crees que el mejor talento llega a la empresa? ¿Crees que es siempre el que se promociona? ¿Cuánta gente se pierde por el camino? O, mejor dicho, ¿a cuánta gente perdemos por no haberle dado una oportunidad?

La igualdad va ligada a la diferencia. No podemos hablar de igualdad de oportunidades si no partimos de que somos diferentes. El concepto «diferente» es bipolar: queremos ser únicos y, al mismo tiempo, sentirnos en igualdad. No solo los seres humanos somos diversos, sino que hay desigualdades injustas que hay que erradicar y diferencias enriquecedoras que hay que fomentar. ¿Serías la misma persona si hubieras nacido en otro contexto, en otro lugar, con otra situación económica y social…? ¿Serías la misma persona si hubieras tenido otros jefes? Miremos de dónde venimos para valorar dónde estamos, quién nos ha impulsado y quién nos ha retenido; qué hemos hecho nosotros frente a ello o a favor de ello. El filósofo estadounidense Michael J. Sandel (1953) nos baja rápidamente los humos en su libro *La tiranía del mérito*, donde nos explica que ni somos autores exclusivos de nuestros éxitos ni tampoco de nuestros fracasos. ¿Sabes por qué? Porque convivimos, y nos influimos los unos a los otros.

En la actualidad, estamos inmersos en el discurso de empresas felices y, al mismo tiempo, se dan otras discusiones paralelas, como qué ocurre con la brecha salarial de género o con los planes de igualdad. Que no haya diferencia entre los salarios que reciben hombres y mujeres es cuestión de justicia. Que, en un sentido más amplio, los planes de igualdad de las empresas atiendan a tomar medidas para alcanzar la igualdad de trato entre hombres y mujeres es cuestión de justicia. Que, para dar cabida a esa igualdad de oportunidades, no solo de hombres y mujeres, sino de todas las dimensiones de la diversidad humana (de raza, de edad, funcional, etcétera), sea necesaria a veces la discriminación positiva es cuestión de equidad.

«Justicia», una palabra que ya dijimos páginas atrás que debíamos tener presente. Lo que deben hacer las empresas éticas es atender a la justicia: crear unas condiciones justas, un contexto, un entorno tal que les permita a sus empleados llevar a cabo su proyecto de vida. Ahora bien, ¿que una empresa tenga la obligación ética de garantizar condiciones de justicia implica que tiene entre sus responsabilidades hacer a sus empleados felices? Entre lo uno y lo otro hay un salto que seguiremos comentando.

En cuanto a la fraternidad, hoy más bien hablaríamos de solidaridad. Esa que nos lleva a ponernos del lado de los desfavorecidos, de los más vulnerables, en aras, de nuevo, de la justicia. De hecho, en la justicia confluye todo lo anterior: la libertad, la responsabilidad que la acompaña, la igualdad y la diferencia, la solidaridad y el respeto como tolerancia activa. Esa tolerancia que nos predispone a respetar a todos los seres humanos y a los proyectos de vida ajenos que pueden tener valor, aunque no los compartamos.

Volviendo a la pregunta inicial: ¿qué hacemos, entonces, con la felicidad en la empresa si cada uno de nosotros tiene su plan ideal de vida? Lo que compartimos los ciudadanos de las sociedades modernas no son proyectos de felicidad, sino esa ética de mínimos, la ética cívica de la que hemos hablado y que se refleja en los derechos humanos. A lo que la excede lo llamamos «ética de máximos», y se refiere a los distintos proyectos de felicidad. La ética de máximos no se puede exigir, se puede, en cambio, proponer. Puedes exigir que te respeten, pero no que a los demás les haga felices lo que te hace feliz a ti, ni que les motive salir de su zona de confort porque a ti te motiva, ni que les atraigan las mismas funciones que a ti te entusiasman, ni que encuentren el mismo sentido en el trabajo que tú le encuentras al tuyo… No puedes exigirlo. Como máximo, puedes proponerlo. Y siempre a través del diálogo.

Hay empresas, por ejemplo, en cuyo carácter, es decir, en cuya cultura, está hacer rotar a sus empleados interna y periódicamente de función; pues entienden que eso promueve el desarrollo del personal y, asimismo, es conveniente para la empresa. Seguramente muchas personas lo valoramos también así, como una posibilidad de autorrealizarnos, de afrontar nuevos retos, de aprender nuevas cosas. Pero no a todos nos motiva salir de nuestra zona de confort. Es más, hay personas que se pasan la vida intentando entrar en ella. Y otras que, una vez dentro, son felices y, por lo tanto, no quieren salir. ¿Qué quiero decirte con esto? Que ni todos valoramos lo mismo ni lo valoramos de la misma manera.

Las empresas como las del ejemplo mencionado proponen una manera de hacer, un plan de desarrollo que puede resultarle *felicitante* al empleado, es decir, que puede contribuir a su felicidad en el trabajo, a su autorrealización. Es una propuesta que algunos candidatos pueden compartir, y otros no. Entraría dentro de la ética de máximos. Si te encaja porque estás en la misma línea, estupendo. Si no te encaja, optas por otro modelo empresarial. Ya lo dice el refrán: «Dios los cría y ellos se juntan». La empresa, con su cultura, y los empleados, con sus caracteres, se buscarán hasta encajar. Lo exigible es la ética cívica, ese mínimo de valores y normas compartidos que son cuestión de justicia, no de felicidad.

Aunque a nivel individual cada uno de nosotros puede tener su proyecto de vida buena diferente del de los demás, a nivel de convivencia —y en la empresa se convive—, el valor de la justicia mencionado es el marco en el que poder desarrollar nuestros proyectos. Es más, el cultivo de esos valores de la ética mínima engarza con el afecto y la empatía de personas entre personas y nos conduce a crear empresas más justas y más humanas.

Por eso, como reitera la filósofa Adela Cortina, «no es posible una ética empresarial sin ética cívica, y viceversa». Las empresas han de impregnarse de esos valores y exigencias comunes como mínimos de justicia que nos permiten llegar a acuerdos, así como de los valores que resulten de modular esos mínimos en la actividad específica que cada empresa realiza.

¿A qué renuncias?

Dentro de los planes de vida que cada uno de nosotros tiene, renunciar a nuestro empleo es una opción que podemos valorar. La renuncia es un acto de elección, porque es voluntario. Abandonamos voluntariamente algo que tenemos.

Tras la pandemia de la COVID-19 empezamos a hablar del fenómeno de la «gran renuncia»: las personas que dejaban sus trabajos aun a sabiendas de que no tenían otro. O de la versión menos aventurada de este fenómeno: permanecer en el empleo, pero sin sentirse implicado. Estar por estar.

Ese es el riesgo de detenerse a pensar; cuando la vida te detiene por una enfermedad o una pandemia, este trastorno revuelca tus cimientos y te deja mirando al mundo desde el límite de tu ventana mientras crujen las costuras que te limitan. Tienes tiempo, entonces, para ordenar tu casa y ver lo que has escondido debajo de la alfombra. Se da el hallazgo de la renuncia por hartazgo. Nos planteamos la eterna pregunta sobre el sentido de nuestra vida y, en ella, sobre el significado de nuestro trabajo.

¿Qué estoy haciendo? ¿Qué estamos haciendo cada uno de nosotros? Vivir es tomar partido, recordaba el filósofo italiano Antonio Gramsci (1891-1937), para quien la indiferencia era una lacra. Podemos estar en nuestro trabajo mientras de manera soterrada avanza nuestro malestar, pero ¿debemos hacerlo?

La salud mental se ha convertido en una cuestión relevante en las empresas. ¿Qué ocurre? ¿Estamos locos o sabemos lo que queremos? Parece un des-propósito, porque no hay propósito, porque a mucha gente le es difícil encontrar sentido. Se enturbian las complejas relaciones entre trabajo y salud; los expertos advierten del aumento de suicidios en el ámbito laboral; en el desconcierto, se alude al papel de la empresa en la felicidad de los trabajadores o se trata de indicar cuáles son los nuevos retos del trabajo calificado como «decente».

Somos los locos cotidianos, del día a día. Están los enfermos mentales, que siempre han sido, tan injusta y lamentablemente, re-marcados. Ahora parece que la salud mental se ha democratizado y que las terapias y los fármacos forman parte de nuestra rutina, en un sentimiento extendido al que algunos profesionales llaman «malestar». El mal-estar de las sociedades del bien-estar, desencantadas y desesperanzadas.

No se trata de una persona, ni de dos, ni de tres. No son personas singulares excluidas del tejido social por extrañeza. No son personas estigmatizadas bajo una pugnante etiqueta. No estamos locos; somos nosotros, todos nosotros, y nuestro sistema de vida, en el que se enmarca el problema colectivo de la salud mental.

Se trata de un problema conjunto que tiene su reflejo en el tejido empresarial, y en el cual las empresas, como agentes clave de la sociedad, son cocreadoras de ese clima social, entre la capacidad de cada uno de hacer frente a las circunstancias y lo que tenemos enfrente; entre las condiciones laborales que nos rodean, la forma de trabajo en la que estamos, la empresa que entre todos construimos.

No se trata de un problema exclusivamente individual, ni de una noble indiferencia, en sentido estoico, para encajar lo que no se puede cambiar, ni de la indiferencia de las organizaciones al no prestar atención. Es más, la tendencia es que ambas partes, empleados y empresa, pongan interés en el desinterés, atiendan para entender qué nos pasa.

Como señalan Javier Padilla y Marta Carmona en su libro *Malestamos*, el primer impulso es la patologización y la politización de este malestar de nuestro tiempo, pero la entrada y la salida a este sufrimiento hay que buscarlas en otro plano. Es el eterno engranaje, que hemos resaltado a lo largo de este libro, entre lo individual y lo colectivo. Hay que entender y atender a las personas, pero lo radical, la raíz, es tratar las estructuras. En este sentido, las empresas tienen la enorme oportunidad de revisarse, de ver cómo incorporan en su quehacer cotidiano esos valores que compartimos, esos mínimos de justicia, y de entender que lo que no puede exigirse solo puede proponerse. Igual que puedes exigir que alguien te respete, pero no que te ame. ¿Qué ha de hacer una empresa para ser atractiva? ¿Qué ha de hacer para atraer ese talento que picotea de flor en flor, de empleo en empleo? Quizás puede empezar por elegir buenas palabras, porque el lenguaje, como ya comentamos, es performativo, crea mundos. Para crear vínculo, mejor «fidelizar» que «retener», ¿no te parece?

El hecho de que el péndulo esté ahora en el extremo del individualismo nos ha llevado a cargar la responsabilidad sobre la persona. «Si quieres, puedes». Por lo tanto, si no eres una persona exitosa, será que algo estás haciendo mal. Si, para colmo, te encuentras mal, es que hay algo disfuncional en ti. Esto lleva a que no se busquen causas en el entorno (en las políticas sociales, en la desigualdad, en los bajos salarios, etcétera). Un discurso injusto que ya mencionamos cuando hablamos de la tiranía del mérito de la que habla el filósofo Michael J. Sandel. Tan injusto y perverso que, al centrarse en lo individual, desvía la mirada de trabajar en la búsqueda de la justicia social. Al *descolectivizar* el sufrimiento, se evita la búsqueda de salidas comunes.

Al mismo tiempo, nos encontramos con el imperativo de la felicidad, como si fuese un objeto de consumo en una estantería, al alcance de nuestra mano. La velocidad vertiginosa de la vida, la oda a la producción, nos sitúa en el malestar de «si quiero, ¿por qué no puedo?». Aquí la sociedad en su conjunto —y las empresas como agentes clave en ella— comienza a ser interpelada y, por ello, a preguntarse: «¿Qué ocurre?», «¿Qué debo hacer?».

En ese engranaje del individuo y los otros, de los candidatos y la empresa, de las necesidades y los deseos de ambos, se encuadra el cuestionamiento de cómo atraer y fidelizar el talento: qué le interesa a cada una de las partes para que se produzca el intercambio y cómo esos intereses deben ser éticos.

Podemos concebir la felicidad como autorrealización, es decir, como vivir una vida plenamente humana; como autosuficiencia, aceptando impasiblemente el destino y manteniendo la paz interior, o concebirla entendiendo que es bueno lo que nos hace felices y que lo que nos hace felices es útil… Y también podemos concebirla de otras muchas maneras. No nos pondremos todos de acuerdo de en qué consiste la felicidad.

Sin embargo, en lo que todos sí que podemos estar de

acuerdo es en que la actitud de cada persona es crucial y que las circunstancias de su alrededor son condicionantes. Tan patente como en el caso de las personas sénior que no solo desean, sino que en muchos casos necesitan un trabajo, y que, a pesar de estar cualificadas, sufren el edadismo.

Ya sabes que la filósofa Adela Cortina nos dice que el «bien interno» de la empresa —aquello que la legitima— es satisfacer necesidades humanas con calidad y justicia. Eso incluye las necesidades de sus propios empleados, a los que nunca ha de tratar como medios para los fines individuales de los accionistas, sino como parte de una corporación de personas unidas por una tarea común, en la que el beneficio es el medio que apunta a una finalidad beneficiosa para la sociedad. ¿No es eso el propósito?

Para ser felices hay condiciones necesarias, pero no suficientes. Algunas son tan básicas como tener las necesidades fisiológicas cubiertas o satisfacer nuestras necesidades afectivas valorando y siendo valorados, pues es difícil ser feliz en la precariedad salarial o si se sufren faltas de respeto. Este es el terreno de la justicia, el de la exigible ética cívica, o ética de mínimos, de la que ya hemos hablado, en el que las empresas deben poner todo su empeño. Luego, la ética de máximos, los planes de posible felicidad, son propuestas en las que el empleado tiene siempre la última palabra. Sin embargo, la justicia es palabra de todos.

La ética no solo es individual. Es también corporativa y comunitaria. Y, del mismo modo que una persona ha de asumir la responsabilidad de las decisiones que toma en su vida, la empresa también ha de asumir la responsabilidad sobre sus decisiones y sus consecuencias. Porque las acciones de todos, tanto de cada uno de los individuos como de cada una de las empresas, afectan a este mundo que compartimos y que juntos construimos.

Después de este recorrido por las cuatro «e», ¿recuerdas las preguntas que te planteaba al inicio del capítulo? Sí, sí, las que parecían tan extrañas. Las recuperaremos para hacer de ellas una nueva versión:

a) En vez de preguntarte: «¿Podrías ser feliz si a tu alrededor todo fuera feo?», pasaremos de lo individual a lo conjunto, es decir, de ti a la empresa y de la felicidad a la justicia. Ahora la pregunta es: «¿Puede tu empresa contribuir a la justicia social para que las personas puedan llevar a cabo su plan de vida buena?».

b) En vez de preguntarte: «¿Podrías ser feliz si no entendieras nada de lo que te pasa?», sustituiremos el sinsentido por sentido. Ahora la pregunta es: «¿Puede tu empresa proponer a sus miembros un mundo de sentido (una identidad, un sentido de pertenencia, unos valores compartidos)?».

c) En vez de preguntarte: «¿Te importaría vivir de forma que les pareciera bien a los demás, pero mal a ti?» o «¿Te importaría vivir de forma que les pareciera mal a los demás, pero bien a ti?», pasaremos del bien de uno o del bien de otros al bien de todos. Ahora la pregunta es: «¿Puede tu empresa proponer un bien común?».

Para todo ello, ¿es necesario que empresas y empleados seamos héroes? No, no es necesario. ¿O sí? Sí, si por héroes auténticos entendemos aquellos de quienes se exaltan sus méritos para con el género humano.

4. ¿A quién le importa lo que importa?

> El movimiento más radical y más humano es el de cuidarnos, a nosotros mismos y a los demás.
>
> JOSEP MARIA ESQUIROL

Llegados a este punto, vamos a desnudarnos. Sí, tal cual. Como hemos sido arrojados al mundo.

¿Has visto fotografías de Spencer Tunick? Es un controvertido artista que fotografía gente desnuda, sobre todo masas de gente desnuda. No son modelos. Son personas corrientes. En las fotografías, todos esos hombres y mujeres han detenido su trasiego diario. Están parados. Están juntos. Desnudos. Son de carne y hueso.

Hablamos de humanismo, de liderazgo humanista, de empresas más humanas… El filósofo bilbaíno Miguel de Unamuno (1864-1936) nos diría que cuidado con perdernos en los términos genéricos «ser humano» y «humanidad», porque el humano en abstracto no existe; solo existimos los humanos concretos. «El hombre de carne y hueso, el que nace, el que sufre y muere —sobre todo muere—, el que come, y bebe y juega y duerme y piensa, y quiere». Es decir, solo existimos cada uno de nosotros.

En las fotografías de Spencer Tunick vemos a la muchedumbre, pero esa masa está formada por personas concretas, literalmente de carne y hueso. Cada una de ellas era nadie antes de nacer, pero se le da un nombre, por el que se la conoce y se la distingue. Esta persona en concreto es nuestro hijo, nuestra hermana, nuestra amiga, nuestro padre. Esta persona de carne y hueso, entre otras muchas personas, es alguien para otros alguien. No es intercambiable.

Por eso, cuando hablamos del propósito empresarial, de ese impacto beneficioso de cada empresa en la humanidad, podemos perdernos en la abstracción de las grandes palabras. Apuntamos al género humano y quizás descuidamos a las personas con las que trabajamos día a día: a los miembros de tu equipo, a los compañeros de departamento, a quienes forman contigo el consejo de administración. Es más fácil anunciar una declaración de propósito que hacerla tangible cotidianamente con las personas que conforman tu empresa.

Nos fijaremos en titulares, similares a los que nos encontramos con asiduidad:

«No atender a la salud mental causa pérdidas
millonarias en las empresas».
«Fomentar la felicidad
en la empresa aumenta la productividad».

«La fuga de talento provoca
que no se cumplan los objetivos de la empresa».

¿Es casual que la salud mental y la felicidad, dos extremos, se solapen en el mundo laboral? ¿Dónde situamos la fuga de talento? ¿Haríamos declaraciones de propósito si no se diese todo lo anterior? ¿Nos ocupamos de estas cuestiones porque nos preocupan realmente las personas con las que trabajamos, porque están en el centro? ¿Nos ocuparíamos de estos temas si no tuviesen un impacto económico?

Cuando nos hacemos estas preguntas, nos estamos parando a tomar la fotografía del momento, como Spencer Tunick. Nos mostramos desnudos.

Todos podemos tener en mente ejemplos de iniciativas que en teoría se toman a favor de los empleados, pero que, en el fondo, parece que lo que se busca con ellas es el aumento de la productividad. Igual que esos sillones abatibles que nos permiten reposar en las pausas del trabajo. ¿Hay una preocupación real por el bienestar del empleado o la hay en la medida en que facilitarle el descanso mejorará su rendimiento? ¿Es tratada la persona como un fin o es un medio para el fin de otros?

Como hemos visto en el ejemplo del indiano con el que iniciamos este libro, la intención importa. No solo el resultado. ¿Haces una declaración de propósito porque realmente quieres contribuir al bien de la sociedad? ¿O haces una declaración de propósito con la boca pequeña porque es lo que la sociedad te exige para seguir funcionando? ¿Cuál es tu intención? ¿Cuánto durará un propósito postizo?

La ética de la empresa debe ser una ética de la responsabilidad, que tenga en cuenta las decisiones que se toman, el contexto en el que se toman y las consecuencias que conllevan. En el plano moral, una empresa no puede «parecer», ha de «ser». No puede tener una ética maquillada, una cosmética. Necesita una ética al desnudo. El maquillaje es para un rato. La desnudez, en cambio, recorre una vida. Como diría Ortega y Gasset: «Lo que nos importa es ser, existir mañana. Vivir es pervivir, lo demás es haber vivido».

¡Ten cuidado!

En el año 2020 hubo en el Museo del Prado una exposición titulada: «Desdibujadas. Mujeres a través del arte». Los cuadros seleccionados recuperaban el papel, muchas veces desdibujado, de la mujer en distintos momentos históricos. Las pinturas, como fotografías de su tiempo, reflejaban a mujeres campesinas, como en *La vendimia* o *El otoño*, de Goya; lavanderas en las pinturas flamencas; mujeres relacionadas con la industria, como *Las hilanderas*, de Velázquez; mujeres políticas, vendedoras o artistas, como *La actriz María Guerrero como «La dama boba»*, de Sorolla. También mujeres dedicadas a la educación y a los cuidados, como en la escena de *El Nacimiento de la Virgen*, de Ambrosius Benson, en la que parteras, nodrizas y otras mujeres cuidan a la madre recién parida y a su bebé. Las mujeres y los cuidados han crecido de la mano. Toda actividad relacionada con ellos se ha entendido como propia de la mujer.

En los últimos tiempos, ha empezado a ponerse en valor el liderazgo femenino, del cual se señalan características propias, como la empatía, la adaptabilidad, la sociabilidad, la tendencia a la cooperación... Al mismo tiempo, ha empezado a considerarse el cuidado como un valor. Sí, como un valor. Lo sorprendente es que antes no se considerase así. ¿Cómo cabe que en las declaraciones de valores por las que las empresas se conducen no se explicitase el cuidado? Y, ahora que comienza a contemplarse, ¿se sabe realmente qué significa? ¿Pueden las mujeres hacer una aportación especial a la cultura del cuidado?

Para aclarar conceptos —que de ello la filosofía sí que se ocupa—, vamos a ver qué significa cuidar; quizás te ayudará a encarnar el valor de cuidar al empleado en tu empresa.

Allá por el siglo i a. C., el romano Cayo Julio Higinio nos relataba en su fábula mitológica 220 la necesidad de cuidados que tenemos los seres humanos:

Cierto día, al cruzar un río, Cuidado encontró un trozo de barro. Se le ocurrió entonces darle forma y, mientras contemplaba su creación, apareció Júpiter. Cuidado rogó a Júpiter que soplara su espíritu sobre aquella figura, y él lo hizo de buen grado. Pero Júpiter quería que la nueva criatura se llamara como él y prohibió a Cuidado que fuera él quien eligiera el nombre. Mientras discutían apareció Tierra, la cual quería también que se le diera su nombre, ya que el cuerpo de la criatura había sido hecho de barro. Para poner fin a la discusión, acudieron a Saturno, y le pidieron que actuara como árbitro.

Esta fue su decisión: «Tú, Júpiter, recibirás su espíritu cuando muera, pues fuiste tú quien le dio el espíritu. Tú, Tierra, recibirás su cuerpo cuando muera, pues le diste el cuerpo. Pero tú, Cuidado, que fuiste quien modeló a la criatura, la tendrás bajo tus cuidados mientras viva. En cuanto al nombre, se llamará Homo, ser humano, porque fue hecho del humus, la tierra».

En general, cuando hablamos de cuidado, tendemos a focalizarlo en el plano asistencial, es decir, la atención a personas vulnerables: niños, dependientes, ancianos... Sin embargo, esta concepción es limitada. En primer lugar, porque vulnerables lo somos todos, en mayor o menor grado y según distintos momentos de nuestra vida. Los seres humanos somos frágiles, susceptibles de rompernos, de herir y de ser heridos. Precisamente, «vulnerabilidad» viene del latín *vulnus*, que significa 'herida'. De ahí la importancia del trato que nos damos. Y esto entronca con la segunda razón por la que entender el cuidado solo en el plano asistencial es una concepción limitada, ya que el cuidado, en su sentido global, atiende al trato cuidadoso que nos debemos. Es más, podríamos añadir, al trato cuidadoso y cuidante.

¿Por qué en la declaración de valores de toda empresa debería figurar el cuidado como un valor fundamental? ¿Cuántas empresas lo explicitan y, lo que es más importante, cuántas lo encarnan? ¿Por qué es tan relevante? Pues tan sencillo como lo siguiente: porque cuidamos aquello que nos importa.

Imagínate que tienes algo que para ti es de mucho valor. Puede ser ese reloj que conservas de tu abuelo, esa última

fotografía con tu madre, aquellos mensajes de aquel amor…
No deseas perderlo de ningún modo. También es probable
que cuides con esmero a tus amigos, a tus hijos, a tu pareja.
Porque para ti son personas valiosas. No quieres perderlas.
Por eso sacas tiempo para ellas a pesar de tus ocupaciones y
estás cuando te necesitan. Las apoyas. Y, si no lo haces, bajo
el veloz enredo de la vida diaria, probablemente llegará un
momento en que te lo recriminarás.

Cuidamos aquello y a aquellos que nos importan. Entonces, ¿cómo podemos decir en una empresa que las personas
son el centro sin ser plenamente conscientes del valor del
cuidado? ¿Cuál es la base para cultivar un buen clima laboral
si no un trato cuidadoso y cuidante?

No sé si sabes que comenzar a hablar del valor del cuidado, de la ética del cuidado, vino de la mano de una mujer.
¿Te parece casual? No tanto, si tenemos en cuenta que las
prácticas de la asistencia han sido históricamente femeninas.

Kohlberg, de quien ya hemos hablado en el primer capítulo, mantenía que nos desarrollamos moralmente siguiendo una serie de etapas. A través de sus estudios, llegó a la
conclusión de que, en la escala final del desarrollo moral,
las mujeres alcanzaban resultados inferiores a los de los va-
rones. Su discípula, la filósofa y psicóloga Carol Gilligan, no
se conformó con esas conclusiones: ¿cómo podía ser que las
mujeres fueran moralmente menos maduras? Advirtió que
su maestro medía el desarrollo moral de las personas según
principios morales universales, es decir, válidos para todo el
mundo, en todo momento y lugar. Sin embargo, las muje-

res, que tradicionalmente se han ocupado más del cuidado de las cosas y las personas, tenían más en cuenta el contexto, las consecuencias, las particularidades. Esto significa que, al tener en cuenta las circunstancias, consideraban que no todas las personas tenían que coincidir en la solución de un problema moral.

Para traducirlo de modo que no nos resulte tan abstracto, lo que hizo Gilligan fue resaltar que, más allá de que haya formas de hacer para todos, también están los sujetos concretos, con sus circunstancias particulares. La dimensión ética del cuidado tiene en cuenta a ese sujeto en concreto, de carne y hueso, e incorpora en las decisiones los sentimientos que nos permiten conocer mejor la realidad y valorarla. Tiene como punto de partida la disposición de entender al otro desde el otro.

Podemos verlo en un ejemplo que seguramente te resultará bastante cercano. Aunque haya una forma de hacer en tu empresa respecto a los horarios que hay que cumplir, imagínate que tienes a un trabajador leal que está pasando por una difícil situación familiar que pone en tu conocimiento. Un trato cuidadoso implicaría, como ya intuyes, facilitar el tránsito por ese periodo vital al permitirle una mayor flexibilidad horaria, por ejemplo; teletrabajar cuando no estaba previsto u otro tipo de soluciones que atiendan a las necesidades de las circunstancias vitales de esa persona concreta en ese contexto determinado.

La vida, que evidentemente incluye la vida que transcurre en el ámbito laboral, no se sostiene sin cuidados. En términos del filósofo catalán Josep Maria Esquirol (1963), cuidarnos los unos a los otros es una forma de ampararnos ante los factores disgregadores, ante las dificultades de la vida. Para nada el cuidado está reñido con el negocio; es más, es sustento del buen clima laboral que cultiva el compromiso de los empleados hacia sus empresas.

¡El que puede, puede!

El cuidado se basa en la comprensión del mundo como una red de relaciones, las cuales comprenden la mencionada en el ejemplo anterior, dentro del vínculo que se produce en el intercambio de intereses que se dan en el contrato entre empleador y empleado.

En la actualidad, se une el problema de los puestos de trabajo que se quedan sin cubrir a la fuga de talento. Aunque habría que matizar en qué tipo de funciones ocurre esto y hasta qué punto la aceleración tecnológica nos lleva a rebufo por cubrir tareas para las que aún hay pocas personas formadas.

Bien conocida es la conexión entre la oferta y la demanda. Cuando hay un desequilibrio entre ambas, las relaciones de poder se mueven. Por eso nos encontramos con esa afirmación de que ahora es el candidato el que elige a la empresa, y no viceversa. O, con los comentarios —ya que estamos en este capítulo desnudos— por parte de las empresas, sorprendidas, sobre las «exigencias» de los empleados acerca de sus condiciones laborales.

Como este libro trata de qué puede aportar la filosofía a la empresa, y porque quizás tener una visión más panorámica te ayude a afrontar estas problemáticas, te hablaré del poder; de qué significa el poder.

Pero antes te dejo la siguiente frase, a ver qué te parece: «No hay mayor tirano que un enano con un látigo en la mano».

Con ella inicia el escritor canario Alexis Ravelo uno de los capítulos de su novela negra *Un tío con una bolsa en la cabeza*. Tras este íncipit, nos habla de todas esas personas que tuvieron unas expectativas laborales mayores a la realidad en la que se encuentran: el que quería ser policía y acabó de segurata, la que quería ser jefa de negociado y acabó recogiendo documentación en el registro, el que pudo ser *maître* y no pasó de jefe de rango… Perdedores, comenta uno de los personajes de la novela, perdedores. Gente frustrada, asegura, que masca su rencor y lo arroja sobre quien se le ponga a tiro. «Esos son los enanos con el látigo, y el látigo está hecho de normas, de órdenes dictadas por otro al que ellos nunca podrán identificar, de reglamentos, de normativas, de leyes, de políticas de empresa. Todos, todas, soñaron con llegar a tener poder. Poder del de verdad».

El filósofo francés Michel Foucault (1926-1984) es referente en el tema del poder. Foucault reelabora la idea para decirnos que el poder no se tiene —como literalmente se dice en la novela—, sino que el poder se ejerce. Descubre que el poder está mucho más presente en la vida cotidiana de lo que creemos, está en cada uno de los vínculos que establecemos: entre padres e hijos, entre profesores y alumnos, entre médicos y pacientes… En tu casa puedes ejercer poder sobre tus hijos, pero en la consulta médica el poder lo ejerce el médico, porque sabe de ti y puede saber qué te pasa para curarte o salvarte la vida.

Nuestras sociedades modernas son «sociedades del control» en las que el poder ya no es tanto una fuerza represiva, sino que actúa de una forma mucho más sutil. Actúa, de hecho, de la mano del saber. Saber qué hacen tus empleados en cada momento por su presencialidad en la oficina, temor a perder ese poder-saber-control si trabajan en remoto.

En el intercambio de intereses que supone una relación contractual entre empleador y empleado, también se dan relaciones de poder que ahora, para determinadas funciones —sobre todo del ámbito tecnológico—, están cambiando, a medida que el saber está en manos de un número de especialistas y expertos restringido. Son pocos los que saben. Para intentar regular esas relaciones de poder, las empresas hablan de «enamorar a los candidatos», de hacerse deseables, mientras los postulantes se saben necesarios.

Claro que esas relaciones de poder-control-dominio no siempre están en las mismas manos. Para otras muchas funciones, basculan a favor de las empresas, porque, mientras que con la revolución digital algunos candidatos tienen la certeza de ser necesarios, otros viven en la incertidumbre de ser prescindibles.

Saber y poder se implican mutuamente. El saber produce y mantiene poder. A su vez, el poder impone su saber, que legitima el ejercicio de ese poder, lo que cierra el círculo. Al cambiar el contexto, las necesidades cambian, y también los deseos. Entre deseos y necesidades anda el juego. Todos en el mismo barco. No nos cabe más que llegar a entendernos. De hecho, se habla del triángulo virtuoso de flexibilidad, confianza y autonomía como los pilares de las nuevas formas de trabajar que fomentarían el necesario compromiso laboral que las empresas buscan.

Son características situadas en el escalón de la pirámide de Maslow que todos conocemos como «necesidades de estima», que incluye tanto las de autoestima como las de estima y reconocimiento de los otros por el hecho de que siempre somos seres en relación. Cabe considerar, además, que esa preocupación por el bienestar de los empleados que muestran algunas empresas pueda encontrar su raíz en facilitar que las personas lleven a cabo sus planes de vida, tal como recogíamos en una de las preguntas finales del capítulo anterior. Y que poder llevar a cabo sus planes de vida precisa de confianza, flexibilidad y autonomía.

¿Cómo puede ayudarnos la filosofía en este tema? ¡Vamos a ello!

Espejito, espejito…

Si te preguntaran cómo eres, ¿qué dirías? Si tuvieras que describirte, no tanto físicamente, sino describir tu carácter, ¿cómo lo harías?

Imagínate que a continuación le preguntaran a tu familia, ¿coincidiría su descripción? ¿Y si les preguntaran a tus compañeros de trabajo?

Porque, en realidad…, ¿tú quién eres?

Esa es una de las preguntas más difíciles de responder: quiénes somos. Qué hace que seas la misma persona a pesar de los cambios que has experimentado a lo largo de tu vida, a pesar de que hoy pienses distinto a como pensabas a los quince años, a que tu prioridad de valores sea otra. ¿Qué hace que, a pesar del paso del tiempo, tú sigas siendo tú? Piénsalo.

Ahora imagínate que vas a un evento de *networking*. No conoces a nadie. Nadie sabe quién eres. Tienes que darte a conocer. Con el paso del tiempo, una vez que la gente te conozca y establezcas vínculos más sólidos, llegará el momento de que te re-conozcan.

Si hay un padre del reconocimiento, ese es el filósofo alemán Axel Honneth (1949), que nos habla de nuestra necesidad de ser reconocidos. En un mundo agigantado por la tecnología, acelerado y volátil, nos esforzamos por saber qué rol desempeñamos. Somos seres en cambio, a veces con el temor de ser seres en recambio.

El reconocimiento del que habla Honneth se produce en tres esferas: la del derecho, la del amor, que promueve el cuidado y la atención, y la de la solidaridad, en la que se reconocen las cualidades y las capacidades de la persona en una comunidad. Cuando uno no se siente parte importante de su comunidad de trabajo, se producen grietas en su autoestima y en su vínculo con los demás. Desde ahí se cruza con rapidez el puente hacia la falta de compromiso laboral y hacia la sensación de mal-estar.

Hemos repetido a lo largo de las páginas que llevamos juntos que somos seres en relación, que nos hacemos humanos entre humanos. Un filósofo judío, en este caso de origen lituano, Emmanuel Lévinas (1906-1995), nos alertó de la necesidad de los otros para ser nosotros mismos. Necesitamos a los otros para vernos, para igualarnos o para diferenciarnos, del mismo modo que el pájaro no vuela sin la resistencia del aire.

Cuando el otro entra en escena, su rostro también me interpela a mí, que le respondo, y, al responderle, puedo ayudarlo a construirse. Así que, para Lévinas, más que saber cómo somos por cómo nos definimos, mostramos realmente cómo somos según cómo nos comportamos con los demás. Tus acciones dicen más de ti que tus palabras.

Ser conscientes de cómo nos influimos mutuamente, de las relaciones que nos vinculan, para bien y para mal, puede ayudarnos a apuntalar la empresa sobre ese liderazgo más allá de humanista, humano, que tanto se predica.

Por eso, ¿cómo cabe el humanismo, con esos valores de flexibilidad, confianza y autonomía que se consideran cruciales, en la estructura empresarial?

Déjame que antes te pregunte: ¿te acuerdas de tu primera bicicleta? ¿Te costó mucho aprender a montar? ¿Adónde te gustaba ir con ella? Imagínate ahora que te regalaran una bicicleta, pero no tuvieses la opción de aprender a usarla o que ya supieras ir en bici, pero no te dejaran desplazarte con ella.

Porque, en realidad, lo que uno quiere no es solo tener el recurso (la bici), sino estar capacitado para darle uso (saber ir en bici) y ponerla a funcionar para dirigirte a un sitio o a otro (el funcionamiento: desplazarse con ella).

Y tú dirás: ¿a qué viene todo esto? Vamos a seguir un rato más en esta carrera ciclística.

Imagínate que identificásemos «desarrollo» con «libertad». Por ejemplo, que considerásemos que el grado de desarrollo de un país no se mide por el PIB, sino que un país es tanto más desarrollado cuanto mayor es el grado de libertad que tienen sus habitantes para llevar a cabo sus planes de vida. En ese caso, vemos que en el centro están las personas, todas las personas. También está claro que se trata una concepción flexible, porque atiende a las libertades individuales.

Para que las personas puedan llevar a cabo sus planes de vida, no basta con que tengan cubiertas sus necesidades, sino que también hay que capacitarlas, y para ello hay que otorgarles el papel de agentes activos, es decir, no se les dan las libertades sin más, sino que las construyen. Aquí tenemos a la persona no tutelada, entendida realmente como mayor de edad, que avanza en su autonomía.

Además, las personas han de tener ante sí un amplio abanico de posibilidades, entre las cuales, cada uno, capacitado, deberá diseñar su proyecto vital. Es decir, hay que facilitar que cada cual pilote su propia vida abierto a la pluralidad.

Bueno, y todo esto, ¿quién lo dijo? Son las líneas centrales del pensamiento del premio nobel de economía, y a la vez filósofo, el indio Amartya Sen (1933), quien considera que el desarrollo de una sociedad se ve en la libertad de sus miembros para llevar a cabo sus proyectos vitales.

Vamos ahora a tomarnos la licencia de hacer el ejercicio de trasladar este esquema general a la empresa.

Una empresa no sería tanto más desarrollada por los recursos, es decir, por la retribución monetaria que ofrece, sino por el grado de libertad de sus empleados para llevar a cabo sus planes de vida —centrándonos sobre todo en la repercusión en la vida de nuestra faceta laboral. Si te acuerdas del ejemplo de la bicicleta, podríamos decir que la empresa tiene que darte una bicicleta. Si esa bicicleta es muy buena, estupendo. Sin embargo, no debemos olvidar que el auténtico desarrollo de la empresa recae más en otros puntos que no tienen nada que ver con el sueldo que da a sus empleados.

Además, la empresa tendría que capacitarte. ¿Qué significa esto? Pues que debería facilitar que fueras agente activo, que formaras parte, que participaras. De hecho, se sabe que una de las acciones importantes para lograr el compromiso laboral es promover un clima participativo. Si lo fundamental es la libertad, lo que puedan conseguir positivamente los individuos depende de las oportunidades que tengan, las cuales, a su vez, dependen de la libertad de los empleados para participar en las decisiones que las impulsan.

Pongamos un ejemplo: una empresa considera importante que sus mandos intermedios se formen. Históricamente, la empresa siempre ha estipulado qué formaciones deben hacer. Como agentes activos (con capacidad de acción), y puesto que hay necesidades de formación diferentes, los mandos intermedios proponen que se les adjudique un presupuesto y que ellos mismos elijan la formación que más se ajuste a sus necesidades. En este caso, los mandos intermedios han dispuesto de la libertad de elegir en dos sentidos: serán ellos mismos quienes elegirán sus formaciones y será cada uno personalmente quien elegirá qué formación concreta quiere realizar.

Si de nuevo pensamos en el símil de la bicicleta, la empresa ha depositado en ti la confianza necesaria para que aprendas a usarla y te ha dado la oportunidad de practicar.

A su vez, tu empresa puede tener un entorno laboral con un abanico más o menos amplio de posibilidades, de funcionamientos o planes entre los que diseñar tu propio plan. Dicho en términos de la bicicleta, un abanico de destinos u objetivos posibles que alcanzar. Por ejemplo, cabe que una empresa, en su abanico de funcionamiento, ofrezca la posibilidad de mudarse de función laboral, tanto horizontal como verticalmente.

En definitiva, la propuesta de Amartya Sen a nivel de sociedad, y nuestra licencia de aplicar sus rasgos generales a la empresa, toma como característica primaria del bienestar de una persona la capacidad para conseguir realizaciones valiosas que doten su vida de calidad. La función de la empresa sería, entonces, posibilitar el marco para que esto pueda ocurrir.

Las empresas podrían intervenir en esos aspectos externos, comunes, en facilitar que las personas puedan llevar a cabo sus planes de vida (por ejemplo, facilitando la conciliación o dispensando un trato amable, cuidadoso, que es el que deseamos todos), pero de ahí a la felicidad personal aún va un trecho, porque, como hemos visto, la felicidad es algo enormemente complejo, ya que puede ser entendida como autorrealización a través de una vida virtuosa, como autocontrol emocional, como satisfacción de nuestros deseos, como desarrollo de nuestra libertad, y un largo etcétera.

La felicidad es algo más individual, de modo que, en lo común, de lo que podemos ocuparnos es de la justicia, de asegurar unas condiciones justas que les permitan a las personas llevar a cabo los múltiples y variados planes que puedan concebir de vida feliz. Podríamos añadir ahora que esos tres valores destacados como cruciales en las nuevas formas de trabajo —la confianza, la flexibilidad y la autonomía— bien pueden formar parte de ese marco posibilitador.

¿Cómo estás?

¿Qué diferencia hay entre un jefe que, al llegar por la mañana a su trabajo, saluda y un jefe que, ensimismado, pasa de largo? ¿Qué significa para ti un «cómo estás»?

El filósofo Josep Maria Esquirol nos habla de la batalla entre el lenguaje significativo, de verdad, y el lenguaje vacío, que es un simulacro. De cuando la expresión «¿cómo estás?» es vacua, un automatismo, o de cuando es sincera y apela al cuidado por el otro. A veces un saludo tan cotidiano como este se convierte en excepcional porque se carga de sentido.

¿A quién cuidas? ¿Quién te cuida?

Si siempre lo supimos, ahora lo palpamos: la necesidad del cuidado. No solo del cuidado en situaciones de especial vulnerabilidad, sino el cuidado cotidiano, diario, de los pequeños gestos, del detalle… No solo el cuidado a los otros, sino también a uno mismo, a nuestras relaciones, a nuestro trabajo, a nuestro planeta; ese trato desde el mimo, desde la palabra, desde la escucha atenta; ese responsabilizarnos de nuestro cuidado mutuo como personas, como sociedad, como humanidad.

En su obra *Tiempo de cuidado* (2021), Victoria Camps nos ofrece esta definición:

> Cuidar consiste en una serie de prácticas de acompañamiento, atención, ayuda a las personas que lo necesitan, pero es al mismo tiempo una manera de hacer las cosas, una manera de actuar y relacionarnos con los demás. […] Cuidar implica desplegar una serie de actitudes que van más allá de realizar unas tareas concretas de vigilancia, asistencia, ayuda o control; el cuidado implica afecto, acompañamiento, cercanía, respeto, empatía con la persona a la que hay que cuidar. (p.13)

A lo mejor te sorprende saber que uno de los significados de la palabra *cuidar* es «discurrir», «pensar». Existe el pensamiento «cuidadoso» y, podríamos decir, también «cuidante». De hecho, como hemos visto, el pensamiento cuidadoso es una de las tres dimensiones de nuestro pensamiento complejo. Cuidar implica centrarnos en aquello que respetamos, apreciar su valor, valorarlo.

Se trata de un pensamiento afectivo que conjuga nuestra razón y nuestra emoción. Tratamos a algo o alguien con cuidado porque lo apreciamos y, precisamente por ello, ponemos atención en los aspectos que son importantes. Además, el pensamiento cuidadoso es un pensamiento activo, porque supone esforzarse en conservar aquello que se aprecia. Como es evidente, también es un pensamiento empático, porque cuidar de los demás es salir de uno mismo para imaginarse en la perspectiva de la otra persona. Por último, como pensamiento que es, supone conjugar lo que debería ocurrir y lo que realmente ocurre, es decir, reflexionar sobre nuestras acciones. Una empresa cuida a sus empleados cuando los ve como seres humanos más que como recursos humanos.

Ahora te preguntarás que, si existe el pensamiento cuidadoso, ¿significa que también podemos pensar des-cuidadamente? ¡Claro que podemos! Para muestra, un botón con el siguiente ejemplo.

Una queja recurrente de muchas personas candidatas en procesos de selección es que envían su currículum, participan en alguna entrevista y, llegado un momento, dejan de tener noticias de la empresa empleadora. Esperan por aquello de que la esperanza es lo último que se pierde, y mientras esperan desesperan, hasta que el letargo del tiempo termina por convencerlas de que lo único que obtendrán es la callada por respuesta. Surgen entonces las voces que reclaman otro trato: un correo que comunique que no se ajustan al perfil, aún mejor si se incluyen las razones… Voces que reclaman un trato justo por cuidadoso.

No todas las empresas tienen esa negligencia, por supuesto. Pero haberlas, haylas. Igual que ahora se da el fenómeno inverso: la queja por parte de las empresas de que los candidatos desaparecen durante los procesos de selección y los empleados en sus primeros días de trabajo. Es el otro lado del espejo. Sin embargo, ahora que las sorprendidas son las empresas, la situación se considera lo bastante relevante para nombrarla con un anglicismo: *ghosting* laboral. Solo cuando nombramos los problemas empezamos a ocuparnos de ellos, mientras tanto, son anónimos.

El poder son relaciones, y sabemos que las relaciones de poder basculan. Ahora las empresas se ponen manos a la obra ante el fenómeno del *ghosting* laboral y buscan qué herramientas pueden evitarlo. La empatía, la comunicación bidireccional, la transparencia o el acompañamiento como buenas herramientas entran dentro del valor del cuidado.

Vemos en el ejemplo del *ghosting* que el des-cuido puede venir por ambas partes, tanto por parte de las empresas como por parte de los candidatos. Si todos desarrolláramos el pensamiento cuidadoso, podríamos tener relaciones de reciprocidad que facilitaran nuestra convivencia. ¿Qué pasaría si la empresa cuidara a sus trabajadores y los trabajadores cuidaran a su empresa?

El pensamiento cuidadoso se desarrolla a partir de cuatro criterios, y, al hablar de criterios, pensamos de inmediato en el pensamiento crítico, porque, tal como hemos visto, las tres dimensiones de nuestro pensamiento complejo (crítica, creativa y ética o cuidadosa) se entrelazan.

El primer criterio es el de las circunstancias, ya que el pensamiento cuidadoso, que acompaña al pensamiento crítico, es sensible al contexto y atiende a las situaciones sin pretender encajarlas de un modo forzoso en una norma. Con este primer criterio, enlaza el segundo, que es el de las intenciones, y que nos permite ponernos en el lugar del otro al reconocer su vulnerabilidad. Precisamente por ello, el tercer criterio, que es el de las consecuencias, nos lleva a analizar la solidez de nuestros argumentos antes de emitir un juicio para evitar caer en prejuicios y estereotipos. Para todo ello, debemos tener en cuenta el cuarto criterio, el de los medios, que nos permite marcar las líneas rojas éticas que no debemos traspasar.

Podemos verlo con el ejemplo de una empresa que, al buscar aumentar sus beneficios, reduce los gastos para la protección medioambiental, pues considera que le compensa económicamente exponerse a una multa. Tal empresa no atiende al contexto de la necesidad de cuidar nuestro planeta y a la vulnerabilidad en la que nos encontramos. Traspasa las líneas rojas a riesgo de las consecuencias que conlleva. Podemos decir que esa empresa ha desarrollado un pensamiento lógico y analítico en el sentido de que consigue reducir gastos, pero ¿ha actuado con cuidado?

Pongamos ahora un ejemplo desde el lado del trabajador: un empleado que roba material de su empresa. Es evidente que ha traspasado las líneas rojas éticas a riesgo de las consecuencias, no atiende al contexto en el que se encuentra y obvia su propia vulnerabilidad, la de sus compañeros y la de la propia empresa. Ha actuado en beneficio propio, descuidadamente.

Pensar de forma crítica para realizar un buen análisis, trabajar con cuidado para que nuestro análisis, a la vez, sea ético, y añadir la creatividad para encontrar alternativas nos permite hallar buenas soluciones a los problemas. De ahí que, cuando trabajamos en el desarrollo del pensamiento crítico, aunque el énfasis se ponga en esa dimensión, debe hacerse tocando sus puntos de encuentro con la dimensión ética y creativa de nuestro pensamiento.

Más que de empresas felices, ¿por qué no hablamos de empresas cuidadosas y cuidantes?

Todas las empresas se dirigen por valores. Todas. Incluso aquellas que tienen la dirección más autocrática que podamos imaginarnos. Incluso podríamos decir que todas las empresas ponen a las personas en el centro de su actividad. Todas.

¿Cómo puede ser? ¿Qué es esto ahora? ¿Una provocación? Son afirmaciones que tienen sentido.

Cuando hablamos de los valores de una empresa, no nos referimos a cualquier tipo de valores, sino exactamente a los valores morales, los cuales pueden ser tanto positivos como negativos. Hablamos de igualdad, pero también de desigualdad; de tolerancia, pero también de intolerancia; de respeto, pero también de irreverencia… A esos valores negativos los llamamos «antivalores» o «disvalores». Así pues, todas las empresas se dirigen por valores. Todas están entre lo moral y lo inmoral, más hacia un lado o más hacia el otro.

Pero, además, todas las empresas tienen a la persona en el centro. De hecho, históricamente siempre la han tenido. Incluso en la época de la primera Revolución Industrial, cuando la gente trabajaba en unas condiciones abusivas. Nunca se desvió el foco de las personas, tampoco para explotarlas. Por eso poner a la persona en el centro no dice nada. Lo que la marca la diferencia es cómo la ponemos.

Es evidente que, cuando ahora hablamos de los valores de una empresa, nos referimos a los positivos. Igual que, cuando se dice de poner a la persona en el centro, es porque se la considera valiosa en sentido ético, ese sentido que conjuga tanto la justicia como el cuidado.

El cuidado es un valor moral, del que, como hemos visto, se desprenden acciones como la confianza, la escucha o el acompañamiento. Y, asimismo, también se desprenden palabras, tanto las que nos decimos a nosotros mismos en nuestro diálogo interior como las que nos decimos los unos a los otros. Y esas palabras pueden fortalecer o debilitar nuestras relaciones. Además, cuidar significa pensar; de ahí el pensamiento cuidadoso.

Lo primero es el cuidado de uno mismo, o autocuidado, sobre el que corren regueros de tinta. Hace referencia a la máxima clásica de *mens sana in corpore sano* («mente sana en cuerpo sano»), es decir, el cuidado tanto de la salud del cuerpo como de la salud de la mente. Ese cuidado de uno mismo incluye pensar; pensar por uno mismo sobre uno mismo, lo que nos decía Sócrates: «Una vida no examinada no merece ser vivida». ¡Conócete a ti mismo!

Hay que conocerse bien para cuidar bien. De la dimensión personal del cuidado pasamos a la dimensión interpersonal: al cuidado de los otros. Cuidar unos de otros es la base de la solidaridad, del respeto, de la generosidad y de la justicia. Por eso, es extraño que se penalice en su reinserción laboral a las personas tras haber pausado su carrera profesional para cuidar. Hay que vindicar que el cuidado es un tema crítico, y hay que criticar la falta de cuidado. Porque estas personas que han priorizado en un periodo de sus vidas el cuidado a sus hijos, a sus mayores, o incluso a sí mismas en momentos de especial vulnerabilidad, no solo conocen, sino que practican, qué es poner a la persona en el centro. Porque ellas mismas, precisamente por ello, son en especial valiosas para cualquier organización.

¿Cabría hablar de que el empleado también cuide a la empresa al sentirse cuidado? ¿Contemplamos solo un cuidado unilateral? ¿Pensamos en la empresa como algo abstracto, a pesar de que en realidad los empresarios arriesgan su dinero para sacar adelante el proyecto y vamos todos en el mismo barco? Pongamos el caso de una empresa que está pasando por un momento vital complicado, de estancamiento o regresión en la facturación. Diremos que sus empleados tienen una actitud cuidadosa si, por ejemplo, limitan sus gastos de viajes profesionales sin necesidad de que desde arriba venga impuesta una norma de contención. ¿Sería demasiado aspirar a un cuidado recíproco?

El cuidado es un VALOR que pocas veces se explicita como tal, aunque, sin embargo, estamos necesitados de entornos cuidadosos y cuidantes. Las empresas que se preocupan por la salud mental de sus empleados entienden que esa preocupación es una responsabilidad moral. Y, en efecto, así es.

Hay que considerar que, además de atender y entender a las personas, hay que atender y entender a las estructuras. Está bien ofrecer a los empleados, por ejemplo, recursos para gestionar el estrés, pero aún es más necesario revisar las estructuras, es decir, revisar la cultura de la empresa si se ve que es estresante.

Fomentar el equilibrio entre trabajo y vida personal, garantizar condiciones laborales seguras, ofrecer apoyo emocional… Estas y otras acciones que se contemplan para promover un ambiente de trabajo saludable entreveran justicia y cuidado. Estos dos valores están en la raíz, son radicales. Posibilitan tener condiciones laborales cuidadosamente justas y un clima laboral justamente cuidadoso. Son dos valores complementarios.

Ante el mal-estar tan presente en estos tiempos, cabe algo más que el bienestar que persigue la acumulación de recursos sin tener en cuenta lo que son o logran ser las personas. Ante el mal-estar, cabe el bien-ser: el *well-being*, en línea con Amartya Sen, más allá del *wellfare*. Aunque ese bien-ser no solo tiene que ver con el estar bien. Implica, en cambio, un compromiso ético, en tanto que se refiere a la autorrealización de las personas, al modo en que son y aspiran a ser en sus vidas.

El bien-ser engloba, pues, más que el bienestar. Es una noción holística que mira a la globalidad de la persona. Esa persona, ese empleado, que no solo aprecia la seguridad salarial, sino también la seguridad de sentirse cuidado.

Por ello, las organizaciones que apuesten por un liderazgo humanista han de cultivar el valor del cuidado y contar con personas que lo encarnen. El cuidado, que, como hemos visto, se mueve en varios planos: el de la persona consigo misma, el de la relación entre personas y el social, que asciende a un plano más global.

De esa dimensión social del cuidado hablaremos en el corolario de este libro, que ya se encuentra en sus páginas finales.

Ahora te dejo con unas palabras de José Antonio Marina donde se ve el juego entre lo individual y lo social, entre las personas y las comunidades, entre lo local y lo global, entre lo privado y lo político. Donde se ve cómo la idea de felicidad enlaza con la idea de justicia, que es la felicidad social; la única en la que podemos coincidir y a partir de cuyo marco de justicia podemos plantearnos nuestra felicidad privada:

Buscar la felicidad individual es complicado, pero buscar la felicidad social no lo es tanto. Si en una sociedad se quitan cinco obstáculos —la pobreza extrema, la ignorancia, el fanatismo, el miedo al poder y el odio al vecino—, la inteligencia por sí sola busca cómo ser feliz. Es lo que yo llamo ley del progreso ético, que daría lugar a una sociedad que respeta derechos individuales, permite la participación en el poder político, rechaza las desigualdades —no todas, solo las no justificadas—, soluciona los problemas de manera racional —sin supersticiones ni fanatismos— y da garantías jurídicas de defensa.

En ese mundo de felicidad objetiva hay más oportunidades de lograr la felicidad personal.

Como hemos visto, la felicidad social es la justicia, y la base de tal justicia está en el deber moral de cuidarnos. Por eso, la ética de la justicia y los derechos no está completa sin una ética del cuidado, de la responsabilidad de los unos hacia los otros.

Corolario.
¿Hacia dónde corremos?

> Si uno supiera, cuando empieza a escribir un libro, lo que va a decir al final, ¿cree que tendría el valor de escribirlo? Lo que vale para la escritura y para una relación amorosa vale también para la vida. La cosa solo vale la pena en la medida en que ignoramos cómo terminará.
>
> MICHEL FOUCAULT

¡Tenemos que mirarnos más el ombligo!

Cuando Miguel Ángel (1475-1564) pinta a Adán en la Capilla Sixtina le pone ombligo, prescindiendo de la presión teológica, pues Adán no nace de madre. Con esa cicatriz redonda en medio del vientre, Miguel Ángel lo humaniza.

Tenemos que mirarnos más el ombligo, pero no para sentirnos el ombligo del mundo, sino para recordar que de manera radical, de raíz, estamos unidos al cordón umbilical de la humanidad. El ombligo nos recuerda que somos fruto de la hospitalidad, del cuerpo en el que nos hemos hospedado, de los brazos que en nuestro camino nos han acogido para ayudarnos a hacer de este mundo nuestra morada.

Ahora se invoca al humanismo, a contracorriente, como compensación a la aceleración científico-tecnológica; para fijarnos no tanto en lo que hacemos, sino en lo que somos. A veces oímos decir: «¡Soy una persona humana!». ¿Es una redundancia? Nacemos con apariencia humana, pero aprendemos a ser humanos entre humanos, en el trato recíproco que nos damos.

También en las empresas se habla de «liderazgo humanista». ¿Qué es el humanismo? Podemos pensar en el humanismo como el movimiento intelectual del Renacimiento, en el que el lugar de Dios como garante y centro de la vida es sustituido por el género humano. Podemos pensar en un humanismo posterior, cuando en el siglo XIX se separan los estudios de la ciencia del estudio de las humanidades. O podemos atender a los desafíos de nuestro tiempo, en que intuimos la necesidad de hacer confluir lo que hacemos con lo que somos y con lo que queremos llegar a ser.

Por eso, ¿qué es el humanismo? Quizás la mejor definición la escuché tras visionar un cortometraje titulado *Es el progreso, estúpida*, sobre la sensibilidad química múltiple. Entonces, una persona afectada nos dijo al resto de los presentes en el diálogo filosófico en el que se hizo la proyección: «Porque el humanismo es compartir nuestras vulnerabilidades, ¿no?». «¿No es eso?», nos preguntó mientras nos miraba.

¡Eso es! Es, de hecho, una idea que ha recorrido las páginas de este libro, esa vulnerabilidad por la que podemos herir y ser heridos en nuestra corporalidad, en nuestra afectividad y en nuestra dignidad. Una vulnerabilidad común que no se combate con la fuerza, sino activando una inteligencia colectiva, colaborativa y ética. La misma que subyace al cuidado de uno mismo, al cuidado de los unos a los otros y también al cuidado en el plano social —tal como anunciamos al final del capítulo anterior—, y a la que pueden contribuir en gran medida las empresas.

¿No es acaso el propósito corporativo una acción de cuidado a nivel social? ¿No significa detectar necesidades y repartir responsabilidades? ¿Un propósito, no tanto para declararlo, sino para hacer camino? Esa forma de cuidar que supone el impacto positivo del propósito empresarial ayuda a mitigar la vulnerabilidad común en la que nos reconocemos.

Además, al cuidado podemos ponerlo no solo en el centro de las relaciones humanas, sino también en el centro de las relaciones no humanas, para que nos permita atender a la sostenibilidad en su dimensión social, económica y también medioambiental. Porque ser una empresa sostenible nos exige reflexionar sobre nuestras creencias, sobre nuestra forma de relacionarnos, sobre a qué damos valor. Nos exige reflexionar sobre aquello que nos sostiene.

Hemos insistido a lo largo de las páginas de este libro en la importancia de entendernos como seres en relación y en el valor de la comunidad. Desde la filosofía, Roberto Esposito (1950) habla de comunidad partiendo de la etimología latina de la palabra. «Comunidad» viene de *communitas*, entendida como *cum-munus*, es decir, como un deber común de unos a otros, y se opone a «inmunidad», que se refiere a aferrarse a lo propio y sentirse exento de una obligación hacia los demás.

Por el sentido de la comunidad se llega al cosmopolitismo, ese territorio que se expande desde lo más próximo hasta la humanidad, donde todos podamos ser buena compañía para todos. ¿Es el cosmopolitismo una utopía?

«Soy un hombre, nada humano me es ajeno», dice el proverbio latino consignado por el cartaginés Terencio (184 a. C.-159 a. C.). Tal vez hayas comprobado que hablar en estos términos suele ser ridiculizado como «buenismo». Es una expresión que se utiliza, de un modo peyorativo, como muestra de ingenuidad, de infravalorar la complejidad y el calado de las situaciones. Para quien parte de la base de que el mundo es una ciénaga y aquí prima el sálvese quien pueda, resulta muy fácil calificar un discurso de buenista y excusarse de mover un dedo para cambiar la situación. Mucho más esfuerzo y coraje supone apostar por las conductas loables. Nos resulta más sencillo idear distopías que utopías. Sin embargo, es la utopía la que parte del cuestionamiento para activar nuestras ocupaciones hacia un lugar justo y deseable. ¡Menos buenismo y más bondad! Apostemos por las virtudes cívicas que ven las luces y las sombras y se afanan en promover una convivencia digna para todos.

«¿Hacia dónde corremos?»; así se titula el corolario con el que cerramos este libro. Hemos recorrido varios capítulos, desde y hacia el propósito, pasando por algunos desafíos de nuestro tiempo —como la demanda de felicidad, el problema de la salud mental, la falta de compromiso laboral…— para descubrir dos valores complementarios: el cuidado y la justicia. Bajo ambos subyace la común vulnerabilidad humana, que demanda crear comunidad a partir del cuidado que nos debemos los unos a los otros para construir un entorno más justo, amigable y acogedor para quienes lo habitamos. Para crear un horizonte de sentido. Si, como dice el experto en *management* Tom Peters, todos somos jefes de una empresa llamada YO S. L., también podemos proponernos ser trabajadores de una empresa común llamada NOSOTROS, Compañía para la Colaboración.

El «clima laboral» en una organización, esa percepción que tienen los empleados sobre el ambiente de trabajo, puede definirse como el estado de ánimo de esa organización. Las empresas tienen la enorme oportunidad de ser agentes re-moralizantes, que ayuden a que sus empleados, y la sociedad en general, no se des-moralice, que mantenga un buen tono vital, porque cada empresa es consciente de ser parte de un todo, de un destino colectivo, de la construcción de un mundo más humano.

Si el liderazgo humanista se centra en las personas, ¿por qué las personas no ponemos en el centro la VIDA? La vida de los seres humanos, la vida de los otros seres vivos, el cuidado del planeta que posibilita la vida, el compromiso con la continuidad de la vida de las generaciones futuras en las mejores condiciones. Y todo ello en línea con lo que en filosofía ya sabes que llamamos la *vida buena*.

¡Por el mejor de los mundos posibles!

Agradecimientos

Cuando desde la editorial me propusieron escribir un breve ensayo sobre un tema de interés relacionado con la filosofía, tuve claro que lo haría sobre una cuestión que he explorado de un modo profesional en los últimos tiempos: el vínculo entre filosofía y empresa.

Comencé a acercarme desde mi disciplina al mundo empresarial de forma paulatina y natural a través del encuentro con Tomás Pereda Riaza. Juntos diseñamos un programa de pensamiento crítico para consejeros y directivos.

Desde ahí continúa una andadura ininterrumpida de conversaciones, ponencias, cursos, artículos, aprendizajes, de personas que se suman, siempre creando puentes. Muchísimas gracias, amigo Tomás, porque estás en la semilla de esta exploración. ¡Seguimos haciendo camino!

Durante la escritura de este libro, conté con un lector de excepción: Tama Pérez Giannopoulos. Muchísimas gracias, amigo Tama, por tu ágil, detallada y cuidada lectura y por tus siempre lúcidas apreciaciones.

Mi gratitud, por supuesto, a mi marido y a mis dos hijos.

Cada uno desde su lugar ha sido paciencia, lectura, escucha, apoyo y cariño.

Quiero dar las gracias en especial a mi madre, que me enseñó a ser una persona agradecida, y que a sus ochenta y cinco años se ha declarado entusiasta de esta pequeña obra, incluso antes de haberla leído.

Por último, mi agradecimiento a todas las personas curiosas, preguntonas, dialogantes e insurgentes, que se animan a explorar nuevas sinergias.

Bibliografía

Aristóteles (1986). *Política.* Madrid: Alianza.

— (1988). *Ética Nicomáquea. Ética Eudemia.* Madrid: Gredos.

Barenboim, D. (2023). *La música despierta el tiempo.* Barcelona: Acantilado.

Bravo, E. (2021). «José Antonio Marina: "Buscar la felicidad individual es complicado, la social no lo es tanto"», *Mujer Hoy.* Disponible en: <https://www.joseantoniomarina.net/articulos-en-prensa/jose-antonio-marina-buscar-la-felicidad-individual-es-complicado-la-social-no-lo-es-tanto/>.

Camps, V. (2021). *Tiempo de cuidados.* Barcelona: Arpa.

Conill Sancho, J. (2017). *Horizontes de economía ética.* Madrid: Tecnos.

Cortina, A. (2008). *Ética de la empresa.* Madrid: Trotta.

Descartes, R. (1983). *Discurso del Método.* Barcelona: Orbis.

Esposito, R. (2012). *Comunidad, inmunidad y biopolítica.* Barcelona: Herder.

Esquirol, J. M. (2021). *Humano, más humano.* Barcelona: Acantilado.

— (2022). *La resistencia íntima.* Barcelona: Acantilado.

Foucault, M. (2003). *Vigilar y castigar.* Argentina: Siglo XXI.

— (2007). *La voluntad de saber.* México: Siglo XXI.

Frankl, V. E. (1979). *El hombre en busca de sentido.* Barcelona: Herder.

García Gual, C., y M. J. Ímaz (2008). *La filosofía helenística.* Madrid: Síntesis.

Honneth, A. (1997). *La lucha por el reconocimiento.* Barcelona: Crítica. Grijalbo Mondadori.

Jasper, K. (2004). *La filosofía: desde el punto de vista de la existencia.* México: Fondo de Cultura Económica.

Kahneman, D. (2013). *Pensar rápido, pensar despacio.* Barcelona: Debolsillo.

Kant, I. (2009). «¿Qué es la Ilustración?», *Foro de Educación,* n.º 11, pp. 249-254. Disponible en: <https://www.google.es/ url?sa=t&rct=j&q=&esrc=s&source=web&cd=&ved=2ahUKEwj7kM3WhbuAAxVyRqQEHTmPBVIQFnoECA0QAQ&url=https%3A%2F%2Fdialnet.unirioja.es%2Fdescarga%2Farticulo%2F3171408.pdf&usg=AOvVaw0q6zIytIF6an2RiUMlu0Ci&opi=89978449>.

Lipman, M. (1988). *Pensamiento complejo y educación.* Madrid: Ediciones de la Torre.

Lipman, M.; A. M. Sharp y F. S. Oscayan (1988). *La Filosofía en el aula.* Madrid: Ediciones de la Torre.

Maquiavelo, N. (1984). *El príncipe.* Madrid: Busma.

Meyer, E. (2022). *El mapa cultural: las 8 escalas de nuestras barreras culturales y cómo sortearlas.* Barcelona: Península.

Ordine, N. (2021). *La utilidad de lo inútil.* Barcelona: Acantilado.

— (2022). *Los hombres no son islas.* Barcelona: Acantilado.

Ortega y Gasset, J. (2017). *El tema de nuestro tiempo.* Madrid: Tecnos.

Padilla, J., y M. Carmona (2022). *Malestamos.* Madrid: Capitán Swing.

Ravelo, A. (2020). *Un tío con una bolsa en la cabeza.* Madrid: Siruela.

Rosa, H. (2019). *Remedio a la aceleración.* Barcelona: Ned Ediciones.

Sandel, M. J. (2020). *La tiranía del mérito.* Barcelona: Debate.

Sen, A. (2020). *Desarrollo y Libertad.* Barcelona: Planeta.

Seoane, A. (2022). «Nuccio Ordine: "Para salvar la sociedad debemos cultivar utopías y formar herejes"», *El Mundo.* Disponible en: <https://www.elmundo.es/la-lectura/2022/10/12/633c587321efa0e73f8b4598.html>.

Stuart Mill, J. (1980). *El utilitarismo.* Buenos Aires: Aguilar.

Vídeos

Cambia tu pensamiento (2021). «Carpeta Verde o Roja Presión Ambiental», *YouTube.* Disponible en: <https://youtu.be/R24IjoPfjXw>.

Fundación máshumano (2021). «Pensamiento Crítico. Conversación en máshumanoTV», *YouTube.* Disponible en: <https://youtu.be/uBQlAmAkpco>.

Humanismo digital (Joan Clotet) (2021). «Aprender a pensar con Fátima Álvarez». Disponible en: <https://open. spotify.com/episode/3J3EoRhYgdBTau6IwgrBk8?si=3T dZLMyKQGObNkSXMwIY8w>.

La otra perspectiva (2022). «Cortometraje sobre SQM: "Es el progreso, estúpida"», *YouTube*. Disponible en: <https:// youtu.be/9hZ0QhCBmls>.

Mentes brillantes (2017). «José Antonio Marina: la creatividad artística», *YouTube*. Disponible en: <https://youtu. be/e5E5UPTKTCM>.

Su opinión es importante.
En futuras ediciones estaremos encantados
de recoger sus comentarios sobre este libro.

Por favor, háganoslos llegar a través de nuestra web:

www.plataformaeditorial.com

Para adquirir nuestros títulos,
consulte con su librero habitual.

«*I cannot live without books*».
«No puedo vivir sin libros».
THOMAS JEFFERSON

Desde 2013, Plataforma Editorial planta un árbol
por cada título publicado.